和田光弘
Mitsuhiro Wada

植民地から建国へ

19世紀初頭まで

シリーズ アメリカ合衆国史①

岩波新書
1770

刊行にあたって

一九世紀中葉の黒船来航から二一世紀の現在に至るまで、日本人が特別の眼差《まなざ》しを向けてきた国、それがアメリカ合衆国である。日本語の「合衆国」という名称は一八四〇年代に成立したとされ、今日に至る。その由来は、一八四四年に米清間で締結された望厦《ぼうか》条約にあり、同条約で採用された訳語をペリーが江戸幕府の役人に伝えたことから、日米和親条約（日本国米利堅合衆国和親条約、一八五四年）でも正式な国名として用いられたという。

日本の開国、近代化への歩みが、アメリカ艦隊の浦賀来航を起点としていたのは周知の事実だが、日本が近代化のモデルとした「西洋文明」とは、あくまでイギリスやドイツなど由緒あるヨーロッパ諸国であった。しかし、近代日本は、新興のアメリカ合衆国にも一貫して関心を寄せつづけた。

万延元年（一八六〇）に咸臨丸《かんりんまる》に乗り込んで渡米した福澤諭吉は、帰国後に著した『西洋事情』初編二（一八六六年）において独立宣言（「千七百七十六年第七月四日亜米利加十三州独立ノ檄文」）や合衆国憲法（「千七百八十七年議定セル合衆国ノ律例」）を訳出し、「自由・平等の国」、「人民同権の国」といったアメリカ像を広めた。さらに岩倉使節団（一八七一―七三年）が、西洋文明を摂取し、条約改正に向けた列強の意向を探る目的で海を渡ったとき、とりわけ関心を向けたのもアメリカ合衆国であった。両国は、かたや戊辰戦争(一八六八―六九年)、かたや南北戦争(一八六一―六五年)という内戦を経験して、近代国家を形成していく途上にあったのである。二〇世紀に入り大正時代になると、映画や音楽、野球など、アメリカの文化や風俗はさらに日本社会へと定着していった。

アジア・太平洋戦争の敗戦を経て、「世界で最も重要な二国間関係」とまで語られるようになった戦後の日米関係下ではどうか。ここでも、米軍占領下の日本民主化政策や冷戦期の歴史経験によって、親米、対米依存のメンタリティは日本人に染みついていったようにみえる。日本人は、戦前以上に、音楽や映画などアメリカ文化に親しみ、アメリカ的生活様式に慣れ親しんでいった。

しかし、だからといって、日本人がアメリカ合衆国の歩んできた歴史をしっかりと理解しているわけでは決してない。むしろ、この親米という政治的無意識がときに私たちの目を曇らせてきたことも確かであろう。たとえば、戦後日本が築き上げた「平和国家」としての歩みも、軍事的安全保障をアメリカに委ね、その基地を本土外の沖縄に押しつけてきてのものである。そもそも日本人は戦争国家としてのアメリカの暴力性をどこまで理解しているのだろうか。アメリカの国内社会についてはどうか。「自由の国」アメリカでなぜ銃犯罪がこれほど起こり、人種・エスニック集団間の暴力が頻繁に惹起されるのか。自由社会の建設と維持という理想の追求が、現実には暴力という手段を呼び入れざるをえなかったアメリカのディレンマを、日本人はどこまで理解しているのか。アメリカに特別の眼差しを向け、特別の関係にあると位置づけてきた日本人だからこそ、見えなくなっているアメリカがあるのではないか。

このような問題意識をふまえ、シリーズ『アメリカ合衆国史』を編むにあたり、私たちはアメリカが現代世界に問いかける課題を明らかにし、これまでにない通史の可能性を探りあてたいと考えている。その柱は大別して三つある。

一つ目は、アメリカ合衆国の歩みを一国の閉じた歴史としてではなく、より大きな空間的文脈に位置づけて、理解する試みである。この国が、世界じゅうからやってきた移民や黒人奴隷など、人の移動により形づくられた近代国家であるという点からしても、トランスナショナルな視点を抜きに論じることができないのはいうまでもない。それに加えて、アメリカ合衆国の国際的地位は、イギリス帝国の一部としての出自から始まり、建国期から今日に至るまで、環大西洋、環太平洋、西半球世界とのつながりにおいて、よりグローバルな「帝国」として展開してきたのだという理解も欠かせない。

二つ目に、アメリカ史を貫く統合と分断のダイナミズムを説き明かすことである。E Pluribus Unum「多からなる一」(「多から一へ」)を政治的モットーとして誕生したアメリカ合衆国が統合の核にした「自由」や、それを支える価値観や制度は、いかにして生まれたのか。さらに、そこからなぜ分断のモメントは不断に訪れたのか。その動態を理解することは、トランプ大統領のような政治における異変を理解する一助にもなるだろう。

三つ目に、アメリカがいかに戦争による社会変容を経験した国であるかを理解することである。独立戦争から米英戦争(一八一二年戦争)、南北戦争、米西戦争、第一次世界大戦、第二次世界大戦、冷戦、ベトナム戦争、湾岸戦争、対テロ戦争……と、常に戦争がこの国の歴史のリズムを刻んできた。そのことが国民社会をいかに規定してきたのか、また戦争そのものの持つ意味が今日に至るまでどう変容してきたのかを理解することは、決定的に重要である。

こうしてアメリカ合衆国の歴史を通史として、その全体像を描くことに注力して、読者ひとりひとりのアメリカへの問いと呼応しあう書を目指す。

本シリーズは全四巻から構成される。

①『植民地から建国へ——19世紀初頭まで』　和田光弘
②『南北戦争の時代——19世紀』　貴堂嘉之
③『20世紀アメリカの夢——世紀転換期から一九七〇年代』　中野耕太郎
④『グローバル時代のアメリカ——冷戦時代から21世紀』　古矢旬

第一巻では、先住民の世界より始まり、一七世紀初頭にイギリス人の入植地が北米大陸に最初に建設されてから独立に至るまでの植民地時代、そしてアメリカ独立革命、新共和国建設の時期を扱う。近世大西洋世界の相互関連を考究する大西洋史《アトランティック・ヒストリー》の視座も取り入れつつ、初期アメリカの歴史をダイナミックに描くとともに、記念碑や建国神話などに関する「記憶史」研究の成果も導入し、この時代の歴史像が後世、いかにイメージされ、アメリカを形づくっていったのかにも焦点をあてる。

第二巻では、一八一二年の米英戦争以後、一九世紀末までを扱う。これまで領土拡大、西漸運動、大陸国家への発展という「フロンティア学説」に基づく一国史モデルで描かれてきた一九世紀史を、帝国史の視座や、奴隷や綿花など世界商品をめぐるグローバル・ヒストリー、資本主義史など最新の研究成果を取り入れながら、書き換えることを試みる。一九世紀を「南北戦争の世紀」と捉え、未曽有の内戦がもたらしたアメリカ社会の統合と分断、奴隷国家から移民国家へという大転換を描く。

第三巻では、二〇世紀転換期から一九七〇年代前半に至る時期を、アメリカが社会国家（福祉国家）、あるいは総力戦体制による国民統合を目指した一つの時代として、巨視的に捉えることを試みる。一九世紀的アメリカから決別し、二〇世紀アメリカ国民秩序が準備された「革新主義」の時代とは何だったのか。工業化や巨大都市の出現といった大きな近代史のうねりに対応して、新たに誕生したこの「社会的な」ナショナリズムは、民衆を二度の世界大戦に総動員しつつ、社会民主主義的な再分配政治の受益者として統合し、同時に、人種隔離や移民排斥にあらわれる複雑な分断を内包する国民社会をつくりだしていった。かかる二〇世紀アメリカ国民国家体制を問い直すとともに、その制度が七〇年代の脱工業化と政府不信の渦中に脆くも瓦解していったことの意味を、現在のアメリカが抱える困難をふまえて再検討する。

第四巻では、一九七〇年代後半以降のアメリカ社会を、長期の「統合の危機の時代」という観点から一望する。ベトナム戦争とウォーターゲート事件後、戦後四半世紀にわたり揺るぎなく強固にみえたアメリカの国民統合は、急激な動揺をみた。アメリカは幾度も歴史的には分断の危機を乗り越えてきたが、七〇年代以降の国家統合危機とはいかなる位相をなしているのか。この多面的、複合的、長期的な性格を有する分断と断片化の諸相を見すえ、二一世紀の現在までのアメリカ史を通観することを試みる。

二〇一九年三月　執筆者を代表して

貴堂嘉之

目　次

目　次

パリ条約(1783年)後の北アメリカ世界

はじめに

二人の「建国の父たち」の死

「四日なのか」

南部ヴァージニア州の奥地、モンティチェロの邸宅の小振りなアルコーヴ・ベッドの上で、枕を背にあてがい上半身をやや起こし気味にして長軀《ちょうく》を横たえていたトマス・ジェファソンは、かろうじて言葉を発した。排尿障害などに苦しみ、八三歳の彼の命は燃え尽きようとしていた。傍《かたわ》らには、彼が愛したとされる黒人奴隷サリー・ヘミングス(第四章参照)が寄り添っていたかもしれない。

その地から北東へおよそ九〇〇キロ、北部マサチューセッツ州のクインジーでは、九〇歳のジョン・アダムズがやはり死の床にあった。彼は最期の言葉を口にした。「トマス・ジェファソンは……まだ生きている」。消え入る息の中で、末尾はほとんど聞き取れなかったという。

しかしその五時間ほど前、すでにジェファソンはこの世の人ではなくなっていた。かくして、アメリカ合衆国第二代大統領のアダムズと第三代大統領のジェファソンは、独立宣言五〇周年の一八二六年、独立記念日の七月四日当日に、ともに鬼籍に入ったのである。

彼らはそれぞれ連邦派と共和派という異なる政治勢力に属し、激しい対立も経験したが、晩年には和解し、旧交を温めていた。偉大なる「建国の父たち《ファウンディング・ファーザーズ》」が、この記念すべき日に亡くなったという事実は、当初、それぞれの地で人々の知るところとなったが、やがてその情報が北と南で重なり合い、両名が同日に亡くなったことが判明すると、人々は驚愕した。一二億に一つ、ないし一七億に一つの出来事との計算も当時なされ、それゆえにこそ人々はこれを神意と受け止めた。

以後、七月四日の日付は神秘的な色彩を帯び、さらに第五代大統領のジェイムズ・モンローも五五周年(一八三一年)の七月四日に死去するに及んで、アメリカ合衆国の建国はいっそう神聖視されることになる。

「アメリカ合衆国」の誕生

アダムズとジェファソンがともに亡くなったその日から、ちょうど五〇年さかのぼった一七七六年七月四日、独立宣言が採択され、アメリカ合衆国が誕生したとされる。独立宣言の主たる起草者はジェファソンその人である。だが、「ユナイテッド・ステイツ・オブ・アメリカ(アメリカ合衆国)」という国号は、いかに定まったのだろうか。その経緯はアメリカ独立革命の

①大陸紙幣7ドル(1775年11月29日決議)　②ジェファソンの独立宣言草稿(1776年6月28日提出)　③S. モイランの書簡(1776年1月2日付)　④『ヴァージニア・ガゼット』紙(1776年4月6日発行)　⑤連合規約第1条(1777年11月15日採択)　⑥合衆国憲法前文(1787年9月17日採択)　⑦松山棟庵『地学事始(巻の三)』(1870年刊)　⑧『同(巻の二)』(これのみイギリスの意)

図0-1　種々の原史料にみるアメリカ合衆国の「国号」(その1)

展開を体現しているといってよく、第三章の内容そのものであるが、ここでは国号創成の最初期を中心に簡潔に見てみよう(図0-1参照。図中の史料の大きさやレイアウトは適宜調整している)。

独立革命が進行する中で、イギリス領一三植民地の連合体は当初、「ユナイテッド・コロニーズ(連合諸植民地)」と呼称されることがあった。たとえば図中の①は、革命推進の中枢を担った大陸会議が発行した政府紙幣たる「大陸紙幣」の一部で、多くの人の目にさらされたと考えられるが、ここにも同名称が明記されており、トマス・ペインも有名な『コモン・センス』(一七七六年一月刊)の中でこの語を一カ所用いている。

一方、一七七六年六月には本国からの独立

の方針が大陸会議で話し合われ、独立宣言起草のために五名からなる委員会が招集された。前述のように、起草の大役を引き受けたジェファソンは、その訥々《とつとつ》とした話しぶりとは対照的に流麗な文筆家として鳴らしており、フィラデルフィアの宿舎の一室で、テーブルの上にラップデスクを置いて執筆にいそしんだ。同月末に大陸会議に提出された草案の冒頭部分が図中の②である。ここに「ユナイテッド・ステイツ・オブ・アメリカ」の完成形を見ることができる。各植民地《コロニー》がそれぞれ国《ステイト》（邦）となって一緒に独立することをめざしたのであるから、自然な表現であろう。

では、この表記を最初に用いたのは、ジェファソンだったのか。近年はさまざまな史料が電子化され、悉皆《しっかい》検索が容易になったこともあってか、これ以前に同表記を用いた例が指摘されている。現在のところ、初出とされる事例（大文字・小文字の別は捨象して）は、大陸軍（アメリカ軍）の軍人でジョージ・ワシントンの秘書官も務めたスティーヴン・モイランという人物が、一七七六年一月初めに書簡の中で記した文言である（図中の③）。

また印刷物においては、同年四月初旬に新聞『ヴァージニア・ガゼット』に掲載された論評に同表記があり（図中の④）、最も早い。「ヴァージニアの住民へ」と題されたこの論評は紙面の冒頭に掲げられ、筆者は「ある農園主《プランター》」と名乗るが、この人物が誰なのか判然としない。ヴァージニアはワシントンの地元であり、上記の秘書官も含めてワシントン本人の周辺で早々と用いられていたとの推測も成り立ちうるものの、定かではない。とまれ、公的な立場で記した最初がジェファソンである可能性は高い(同じ大陸会議議員のジョン・ディキンソンによる連合規約(後述)の初期の草稿にも、ジェファソンの草稿とほぼ同時期に、この語が用いられているが、両者の正確な前後関係は不詳である)。

この後、七月二日に大陸会議で独立の決議がなされ、四日にはジェファソンの草案をもとに独立宣言が採択されてただちに印刷に付されるのだが、しかしながらこれで国号が安定した表記を獲得したというわけでもない。ただ、その後の経緯を述べるにはある程度の紙幅が必要であり、詳細は第三章に譲ることとし、ここでは、一七七七年一一月に採択され、八一年三月に発効した連合規約の第一条にまで時を移そう。なんとなればこの条文によって、名称が正式に「ユナイテッド・ステイツ・オブ・アメリカ」と定められたからである(図中の⑤)。

ただし同章でも述べるように、正確にはこの表記も、国号というよりも「本連合の名称」にすぎず、頭文字に大文字を用いていても、依然として「アメリカ連合諸邦(諸邦連合)」の訳を当てる方が実態を正しく反映しているといえよう。やや衒学《げんがく》的ながら、「アメリカ合衆国」と訳すべきは、一七八七年に採択された合衆国憲法の前文における表記からと考えることもできよう(図中の⑥)。

なお、「ユナイテッド・ステイツ」を「合衆国」とする訳語の成り立ちについては、茫漠とした部分もある。一八四四年にアメリカと中国(清)とのあいだで結ばれた望厦《ぼうか》条約を公的起源として、中国から日本に「輸入」されたとされるこの語に関して、「合衆」に「民主」や「共和」のコノテーションを読み込み、そのような政体を持つ「国」の意と解する向きもあるが、たとえば明治初期の松山棟庵《まつやまとうあん》『地学事始(巻の二)』(一八七〇年)では、連合王国《ユナイテッド・キングダム》(イギリス)が「合衆王國」と記されているように(図中の⑧)、「合衆」の語は「ユナイテッド」の意で用いられることもあった。したがって「合衆国」は、広く連邦国家や連合国家を指す語ということになろう。

ただ、『地学事始(巻の三)』においては、アメリカ合衆国が単に「合衆國」(図中の⑦)と訳される一方でステイトは「州」とされており(ちなみに今日、「准州」と訳すテリトリーの語は「部」と記されている)、すでにこのステイトが概念上、「国」と明確に区別されていたことがわかる。また、教科書として当時広く用いられた師範学校編『万国史略』(一八七四年)の参考書ともいえる永田《ながた》方正《ほうせい》編『万国史略字引(巻の一・二)』(一八七五年)および大柿玄九郎《おおがきげんくろう》編『万国史略字引(全)』(一八七八年)においても、アメリカ合衆国は「合衆國」もしくは「亜米利加合衆國」と表記されている。

連邦国家の光と影

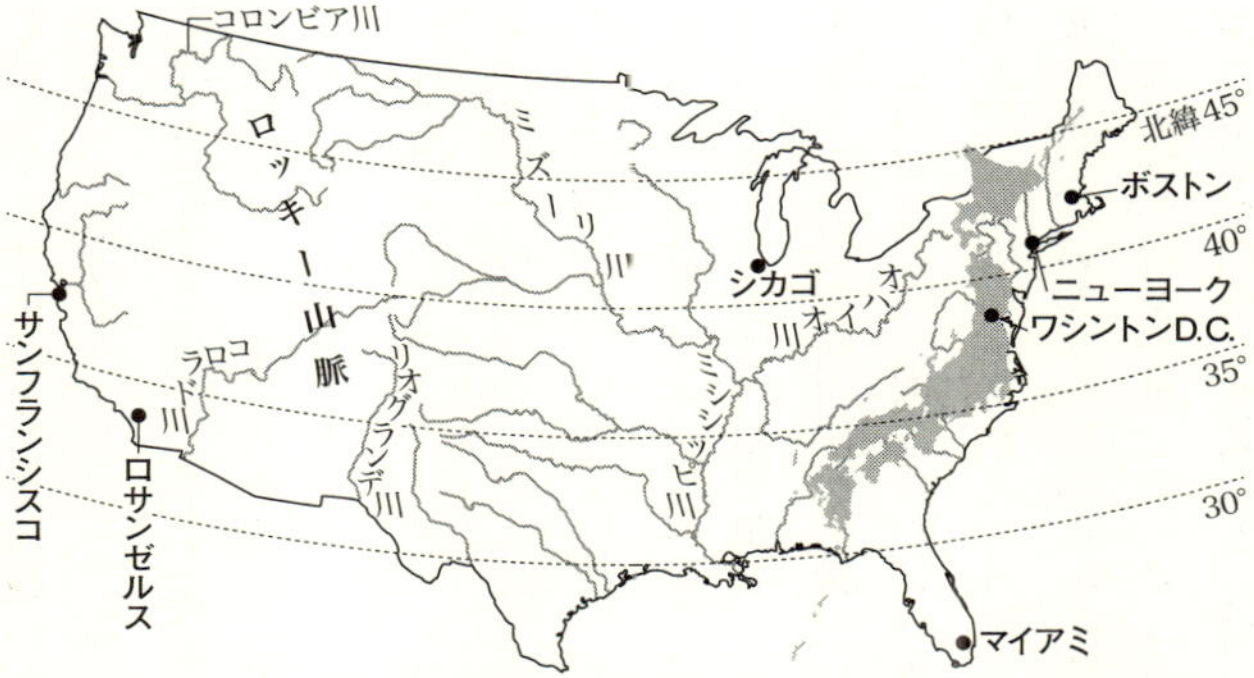

図0–2　アメリカの地図に同縮尺・同緯度で重ね合わせた日本列島

かくのごとくアメリカ史においては、原語でも日本語でも、「国」の意味するところは所与でも自明でもない。政治学者のベネディクト・アンダーソンがいみじくも喝破したように、アメリカ合衆国は「最初の国民国家」の一つであり、現在の五〇州（さらにコロンビア特別区といくつかの海外領土）へと至る歩みそのものが――南北戦争でそのプログラムは破綻の危機に瀕したが――不断の国造りのプロセスに他ならないのである。

図0-2にあるように、今日、同国は日本の約二五倍の国土、約二・七倍の人口を擁する広大かつ強大な国家である（日本の面積は、全米第四位のモンタナ州とほぼ同じ）。そもそも一人の君主のもとに統合されるイギリスが、単数形の「ユナイテッド・キングダム」であるのに対して、同じ「ユナイテッド」を冠していてもアメリカは複数形の「ユナイテッド・ステイツ」であり、実際、建国当初は文法上もそのまま複数扱いされていたが、南北戦争後

しばらくして単数としての扱いが凌駕してゆくとされる(この事実は、多くの書籍の用例を一望できるグーグルのNグラム・ビューワーを用いても、簡略ながら調べることができる)。つまり、本来は「国」を意味するステイトを複数束ねる組織体においては、紐帯《ちゅうたい》が脆《もろ》く崩壊する事例も歴史上散見されるなかで、アメリカの連邦システムは、南北戦争の試練に耐えて今日まで機能し続けているのである。

さらに、エイブラハム・リンカン大統領が一八六三年に述べた「人民の人民による人民のための政治」の文言は、たとえば現在のフランス共和国憲法にも国の根本原理としてそっくりそのまま明記されているように、守るべき民主主義の何たるかを世界に誇り高く示し続けている。ただし、光あるところ必ず影があり、光が強ければ強いほど、その影もまたいっそう濃くなる。アメリカ合衆国には奴隷制の深い闇や先住民への迫害など、むろん多くの負の歴史が存在し、現在も社会の分断状況が指摘されている。

だが、人工的に創られたこの多民族国家は、西洋文明が育んだ民主主義原理と制御された市場原理とのもと、人類という種が人権概念をより普遍化させつつ、深刻な差別や矛盾を一歩一歩克服し、いかに均衡のとれた成長と最適な分配、そして平等な生に到達しうるのか、その壮大な実験の場を提供しているとみなすこともできよう。さまざまな波乱を見せつつもこの国は、独立革命で国璽《こくじ》に組み込んだ自らのモットー「多から一へ(エ・プルリブス・ウヌム、イ・プルリバス・ユーナム)」のごとく、人類が追い求める多人種・多民族共生システムの、少なくとも現在、われわれが手にし得る最善のモデルなのかもしれない。

さて次では、本書の各章で論じるそれぞれの時代についての見通しなどを、あらかじめ少し述べておきたい。

植民地時代の位置づけ

本書の第一章ではまず、「最初のアメリカ人」たる先住民の世界について、のちにアメリカ合衆国形成の場となる北米大陸を中心に、一万年以上におよぶ長い歴史を簡潔に概観する。ついで、大航海時代に「アメリカ」がヨーロッパの人々の経験と認識の上に立ち現れ、近世史が始動する様相を描く。それは「アメリカ」の国号に組み込まれた「アメリカ」なる語の源流を探る旅でもある。さらに近世ヨーロッパ史が展開するなかで、イギリス人が建設する英領植民地について、主として北米大陸を中心に第一章の後半と第二章で論じる。

アメリカ史においてこの時代は「植民地時代」と呼称され、伝統的な枠組みでいえば、ヴァージニアにイギリスの恒久的植民地ジェイムズタウンが建設された一七世紀初頭から、英領一三植民地が独立革命へと向かうまでのおよそ一世紀半余りをさす。むろんそれ以前に北米の地で展開されたイギリス人の探検活動や入植の試み、さらにはスペイン領植民地(ヌエバ・エスパーニャ）やフランス領植民地（ヌーヴェル・フランス）の動向も重要であるが、かりにジェイムズタウンを起点に置いたとしても、独立を宣言して今日まで二世紀半近くのアメリカ合衆国にとって、この植民地時代が持つ時間的比重はきわめて大きい。

この長い期間に、大西洋を媒介としつつ、北米において三つの「人種」が不幸なかたちで関係を取り結んだ。先住民を駆逐した「自由《フリー》な（ただの）土地」に本国の余剰人口が植え付けられ、さらに不足する労働力を補うために黒人がアフリカから収奪されたのである。かかる冷徹なダイナミズムをアメリカ植民地時代史として、いかに切り取ることができるのか。

そもそも植民地時代なる語は、後に独立・建国する合衆国を前提とした表現であり、合衆国が遡及的な形で、この特定の時代・地域を考える際の枠組みを与えていることは自明であろう。しかし「植民地時代のアメリカ合衆国」という表記を用いるならば、それは「縄文時代の日本国」と同様にグロテスクといわざるをえない。

つまり植民地時代史は決してアメリカ合衆国史の「前史」などではなく、固有の時代相を有している。国家成立以前の歴史を、国家を相対化しつつ、より広い視座から考究するアプローチが求められるゆえんであり、大西洋史《アトランティック・ヒストリー》はその最新の到達点といえる。大西洋史においては、文字どおり大西洋を介した北米・南米・ヨーロッパ・アフリカの四大陸の相互連関、関係性の中にアメリカの姿を求める。それは第一章・第二章の具体的記述の背後にあって鳴り響く通奏低音ともいえよう。また、前述のように一世紀半以上もの時間幅を有するこの時代を論じる際には、必ずしも各植民地のミクロな史実にこだわらず――むろん必要な場合は大いにこだわるが――この大西洋史などの視座から、より体系的でマクロな時代把握を試みることになろう。

さらに本書においては――第三章・第四章も含めて――歴史事象がその時いかにあったかのみならず、その後いかにとらえられてきたか、すなわち、たとえば建国神話の形成など、事後に経た時間の厚みについても、いわゆる「記憶史」研究の深化を背景に、必要に応じてふれてゆきたい。「古い」歴史事象が持つ現代的な意味が、より明確にイメージできるはずである。また貨幣など、関連する具体的なモノ(著者所蔵品等)も積極的に取り上げて図像を提示することで、歴史の現場へといざないたい。

独立革命と建国

第三章では独立革命期を扱う。わが国で一般にアメリカ独立革命と呼称される歴史事象は、象徴的に言うならば、一七六三年と八三年の二つの「パリ条約」に挟まれたおよそ二〇年間の出来事とみなすことができる。後述するように、七年戦争の結果、前者のパリ条約によってイギリス第一帝国――新大陸の支配を中心とする植民地帝国で、インドなどの支配を中心とするのちの第二帝国（新帝国）と区別される――はその威容を完成させたが、後者のパリ条約でアメリカ合衆国が正式に独立し、第一帝国は瓦解した。

さらにこの二〇年間は、一七七三年末のボストン茶会事件を境に、前半と後半に分けてとらえることができる。すなわち、本国との対立が断続的に生じた前半の約一〇年間、そして第一次大陸会議の開催以降、状況が切迫して戦争が始まり、革命の本格的な展開をみた後半の一〇年間である。ただし、その後の合衆国憲法制定、批准に至る五年間も、新国家の制度設計の時期として独立革命に含めうる。かくして一七六三年から一七八八年まで、およそ一〇年／一〇年／五年の段階を経て、一七八九年にワシントン政権のもとで新たな連邦国家が船出するのである。

もっともその国家運営は決して順風満帆だったわけではない。当初、想定し得なかった政党政治の展開の中で、「建国の父たち」はさまざまな試練に立ち向かうことになる。第四章で扱う建国期である。一七八九年四月三〇日、ワシントンはニューヨーク市で大統領就任式を執りおこなったが、その後、首都はフィラデルフィアに移り、さらに一八〇〇年に新首都ワシントンに初めて足を踏み入れた大統領は第二代のアダムズである。

そして劇的な政権交代を成し遂げ、新首都で最初に就任式を挙行した第三代大統領ジェファソンのもとで、ナポレオンから広大なルイジアナを掌中に収めるが、第四代大統領ジェイムズ・マディソンが主導した一八一二年戦争（米英戦争）では首都がイギリス軍に攻略される。この戦争の際に作られた愛国歌こそ、今日の国歌「星条旗《スター・スパングルド・バナー》」に他ならない。この歌が高らかに謳い上げる「星ちりばめたる旗」は、いかにしてこの「自由なる者の大地」にひるがえることになったのか。

本書は、西洋文明の片隅、新大陸の大西洋岸で展開され、やがて合衆国の生成・成長へと至る歴史のダイナミズムを追う。すなわちアメリカ合衆国の歴史は、アメリカ合衆国の始まりから始まるのではなく、先述のように、合衆国の種が蒔かれる土壌――それは近世のイギリス史であり、ヨーロッパ史であり、世界史・人類史である――の中から育まれたのであって、本書ではアメリカ史の原型《プロトタイプ》が深く埋め込まれたこの豊沃な土壌について詳《つまび》らかにし、さらに産声を上げる新共和国アメリカの歩みをたどる。はるか過去からのその歩みによってこそ、この国の栄光と試練、光と影の物語が紡がれるのである。

第一章　近世大西洋世界の形成

ロアノーク島「エリザベス朝庭園」内のヴァージニア・デア像(M. ランダー作, 1859 年)

1　先住民の世界

「最初のアメリカ人」

合衆国誕生よりもはるか前、北米の地には先住民たちのダイナミックな世界が展開していた。むろん以下にふれるように、彼らも長い旅路の果てに、アメリカ大陸にたどり着いた人々であった。ヨーロッパ人との接触以前の彼らの姿を描くことから、本章の記述を始めたい。かりに紀元前一万年を起点とすれば、コロンブス第一次航海の一五世紀末に至るまで、アメリカ大陸の人類の歴史のおよそ九五％は、彼らアメリカ先住民の歴史となる。したがって、その長い歴史のなかで、この広大な大陸の各地に生起したさまざまな先住民文化――今日の視点から名づけられた名称も多い――は複雑な様相を呈しているが、以下では可能な限り網羅的かつ簡潔に見てゆきたい。

およそ二〇万年前にアフリカで誕生した現生人類の一群は、やがて東方、アジア方面へと移動し、シベリアへ到達する。二万数千―一万数千年前には氷期で水位が下がり、彼らの眼前に約一六〇〇キロメートルに及ぶ広大な陸地が出現していた。新旧両大陸を結ぶベーリング陸橋（ベーリンジア）である。アメリカ先住民の祖先たる彼らモンゴロイドは、およそ一万数千年前にこの陸橋を渡り、現在のカナダ西部において氷に遮られない無氷回廊を抜けるなどして、紀元前九〇〇〇年頃には南米大陸の南端にまで達していたと推測される。一方、氷期の終焉とともに水位が上がって陸橋が水没すると、新旧両大陸は互いに閉ざされてしまう。かくして北米大陸では、いわゆるパレオ・インディアン（古インディアン）の狩猟文化が展開することになる。

このパレオ・インディアン期は、マンモスなどの大型動物を狩るための石器（尖頭器）を特徴とし、およそ紀元前一万一〇〇〇―前一万年にはクローヴィス文化、前九五〇〇―前八〇〇〇年にはフォルサム文化が栄えた（クローヴィス文化以前の人類とされる痕跡も見つかっており、彼らはカナダの太平洋岸沿いに南下した可能性がある）。

クローヴィス文化では遠方から獲物を正確に狙うために投槍器が用いられ、槍の先に付けられた尖頭器は大西洋岸も含めて全米に広く分布している。この分布状況に加えて、ヨーロッパの尖頭器との類似性から、近年では彼らの起源をヨーロッパに求める向きも一部にあり、遺伝子の型がその主張を裏付けているともされるが、最新の研究では否定的な結果が出ており、出自をベーリンジア経由とする従来の説は揺るがないと考えられる。

紀元前八〇〇〇年頃になると、気温の上昇や人間の狩猟などの影響で大型動物が絶滅する一方、気候が多様化して北米各地に特色ある文化――北方のエスキモー(イヌイット)文化、南西部のコチース文化、天然銅を用いた五大湖周辺のオールド・コッパー文化など――が出現する。およそ紀元前一〇〇〇年頃まで続くアーケイック期であり、アメリカバイソン(バッファロー)やカリブー、サケなどを求めて狩猟・漁撈・採集の移動生活がおこなわれたが、末期には農耕も開始され、トウモロコシなどが作られるようになった。

ミシシッピ川流域にはさまざまな形をした埋葬用などのマウンド(墳丘)が建設され(マウンド文化)、下流域のポヴァティ・ポイントでは数千人の住居を伴い、各地を結ぶ交易網も発達して、紀元前一五〇〇年頃に北米最大の交易拠点として栄えた。後にミシシッピ川の支流域で展開したウッドランド期のアデナ文化(紀元前一〇〇〇―後一〇〇年頃)や、ホープウェル文化(前二〇〇―後五〇〇年頃)などでも、数多くのマウンドが造られている(図1-1参照)。

かくしてアーケイック期から定住期への移行により社会の階層化が進み、ミシシッピ川流域では紀元後九世紀頃から次第に社会構造が複雑化して、やがて大規模な神殿マウンドを中核とする都市が各地に成立し、一二―一三世紀頃に隆盛を見た(ミシシッピ文化)。ミシシッピ川とミズーリ川の合流点に位置し、北米最大のマウンドを擁するカホキアはその典型であり、首長制に基づく高度な社会構造のもと、同都市では数万の人々が暮らし、トウモロコシ・タバコなどの栽培や種々の交易などに従事して繁栄を極めたが、土地の枯渇も一因となって、一四世紀

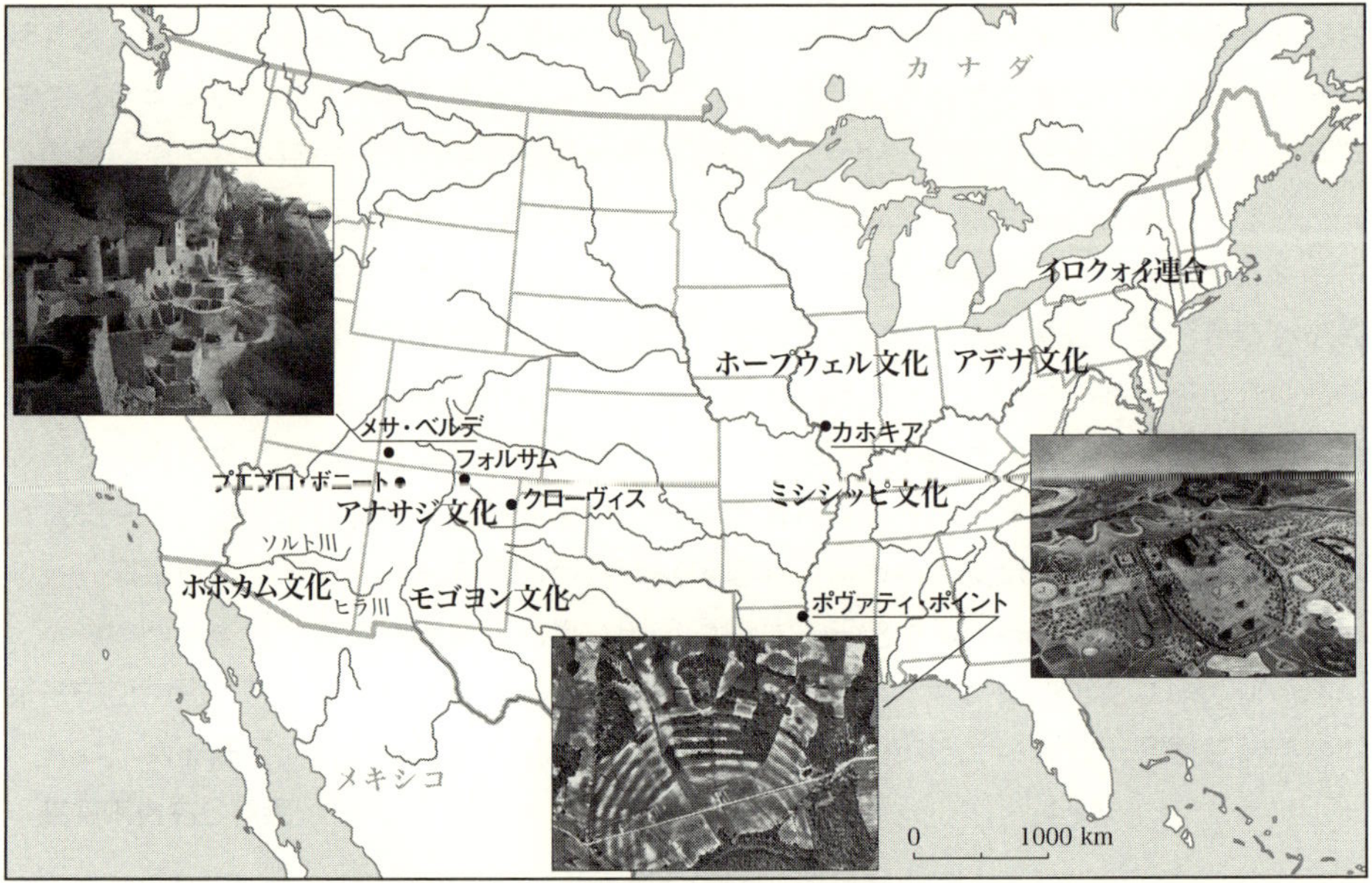

図 **1–1**　先住民の世界(ポヴァティ・ポイント：1938 年の航空写真，カホキア：往時の想像図，メサ・ベルデ：現在)

後半には衰退したと考えられている。

先住民文化の展開

一方、北米南西部に目を向ければ、そこには特徴的な土器やバスケットの製作で知られる農耕文化が花開いていた。モゴヨン文化、ホホカム文化、アナサジ(先プエブロ)文化である。

そもそも北米における土器は紀元前二五〇〇年頃に出現しているが、当初は農耕を伴っておらず、農耕の進展とともに実用品としても交易品としてもその重要度を増した。前述のコチース文化からいくつかの段階を経て発展し、紀元前後にニューメキシコ州南部などの山岳地帯におこったモゴヨン文化の人々は、三世紀に入ると土器製作を開始し、一〇世紀初めには北方に隣接するアナサジ文化の影響も受けつつ白黒の彩色土器、ミンブレス土器を作るようになったが、一二世紀初頭までに衰退した。やはり紀元前後からアリゾナ州南部の砂漠地帯で土器製作を始めたホホカム文化の人々は、トウモロコシに加えて綿花も栽培し、総延長が何マイルにも及ぶ灌漑用の水路を建設した。しかし干魃《かんばつ》等の影響もあって、一四世紀末までに衰えている。

穀物等を入れる籠細工の製作を特徴とする時期、バスケット・メーカー期を経て、五世紀頃、現在のアリゾナ、ニューメキシコ、コロラド、ユタの四州が交わる地点(フォーコーナーズ)を中心に先プエブロの人々によって形成されたアナサジ文化は、白地に黒の文様を描く土器製作で知られる。彼らはプエブロと呼ばれる集合家屋に居住し、半地下の円形施設、キヴァで宗教儀式をおこない、ターコイズ（トルコ石）などを用いた交易にも広く従事した。一〇世紀以降は、一部が四階建ての半円形巨大集合住宅・祭祀センターのプエブロ・ボニートや、外敵から身を守るために断崖の窪みに住居メサ・ベルデなどを建築している。

このアナサジ文化圏は一二世紀からモゴヨン、ホホカム文化圏を平和裏に取り込んで拡大したため文化の融合を生じさせ、土器においても各文化の様式が合わさったものが作られるようになった（ローズヴェルト赤陶様式など）。図1-2もその一つであり、コロラド川の支流ヒラ川にちなんでヒラ多彩色土器と呼ばれる。この図の個体は、アメリカで出版された専門の書籍にも写真が掲載されており、名の知られたアメリカのコレクターが近年、手放して、著者がたまたま入手した。一四世紀頃の作と推定され、ローズヴェルト赤陶様式の特徴が見て取れる。そもそも先住民の土器製作はもっぱら女性の手になるとされるが、図の土器も素朴な意匠が印象的である。この土器を作った人々はサラドと呼ばれ、一二世紀半ば―一五世紀半ばに現在のアリゾナ州のソルト川（ヒラ川のさらに支流）周辺の広大な盆地などで栄えた。

図 **1-2**　ヒラ多彩色土器
（径 19.5，高 8.8 cm）

このように、北米の各地には地域に適応した多様な先住民文化が営まれていた。他にもたとえば、太平洋に面する北西沿岸部では漁撈や採集などに基づく村落が形成され、トーテムポールの建立やポトラッチと呼ばれる贈与の儀式がおこなわれた。大平原地帯(グレート・プレーンズ)では、円錐形のテント、ティーピーに住んでバッファローなどを狩る人々がいたが、むろんそこに馬の姿はなかった。馬の祖先は北米原産とされ、ベーリンジアを通って移動した先のユーラシアでは家畜となって生きのびたが、北米では一万二〇〇〇年前頃に絶滅したと考えられており、馬を駆ってバッファローを追いつつ平原を移動する先住民の姿は、スペイン人がこの動物を再び新世界に持ち込むことで初めて可能となったのである。

さらに東部森林地帯の五大湖地方では、人々はロングハウスと呼ばれる家屋に住み、貝殻を連に組んだウォンパムを貨幣や記録装置として用いた。この地のモホーク、オネイダ、セネカなどの五部族は「ホーデノソーニー(イロクォイ連合)」と呼ばれる部族連合を形成しており、白人との接触以降も結束して対応することになる。

さてこれまで、一万年以上に及ぶ長い歴史を育んできた豊かな先住民世界の諸相について、北米大陸を中心に見てきたが、そのやや南方、カリブ海域の片隅に一四九二年、あるヨーロッパ人が姿を現す。彼、クリストファー・コロンブス(クリストバル・コロン)は、イタリアの天文学者トスカネリの説――球形の地球を西回りで航行すれば東回りよりも短距離で東洋にたどり着ける——を信じ、果敢に実行に移したのである。苦難の航海のすえ、ようやく陸地を見出した彼は、それゆえ「インディアス」(アジア)に到達したと確信し、この地に住む人々をインディオ(インディアン)と呼んだ。かくして、はるかベーリンジア消滅以来の封印は破られ、インディアンとされることになった人々は以後、壊滅的な変容を迫られてゆくのである。

2　近世の始動

二枚の地図

ここに二枚の地図がある(図1-3)。上は、一五〇六年にイタリアで出版されたジョヴァンニ・コンタリーニの地図、下は、一五〇七年にストラスブール周辺で上梓された『世界誌入門』に付されたマルティン・ヴァルトゼーミュラーの地図である。コンタリーニの地図は存在自体が長らく忘れ去られていたが、現存する唯一の一枚を一九二二年に大英博物館が買い取り、現在は大英図書館所蔵となっている。一二のシートに分割された巨大なヴァルトゼーミュラーの地図のほうは、当時およそ一〇〇〇枚が刷られたと考えられるが、こちらも現存するのは一枚のみで、二〇世紀初頭にドイツで発見され、二〇〇一年にアメリカ議会図書館が一〇〇〇万ドルで購入した(巨額ゆえ、支払いが完了したのは二年後)。

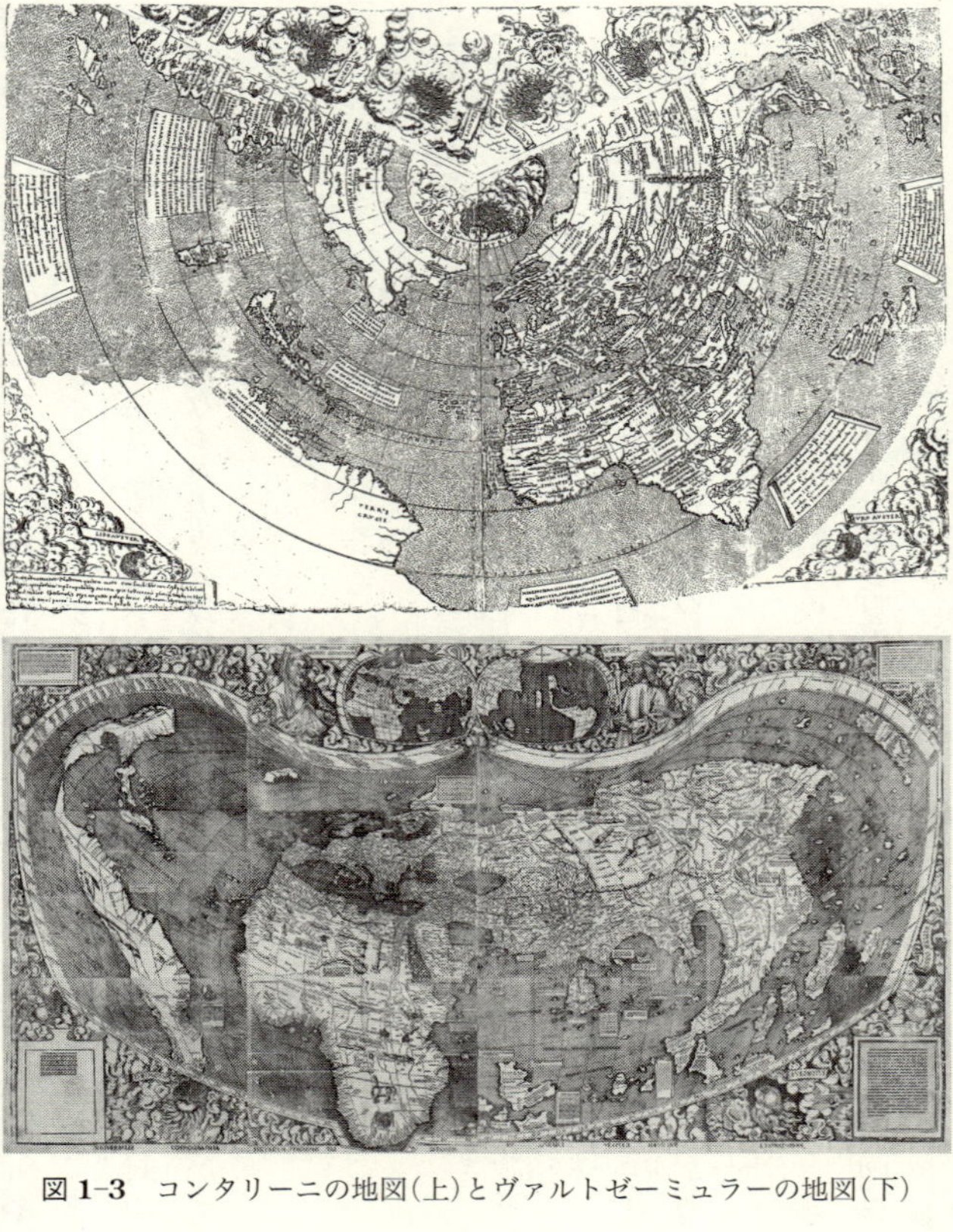

図 1-3　コンタリーニの地図(上)とヴァルトゼーミュラーの地図(下)

いずれも貴重な二枚の地図を見比べるとどうだろうか。両者の刊行時期にはわずかな違いしかないものの、世界認識の上で、きわめて大きな差異が存在することがわかる。

コンタリーニの地図は、印刷地図としては最初に新世界を描いたともいわれるが、南米大陸に相当する左下の広大な土地の上部には西インド諸島、そのすぐ西方にはジパングが見え、さらに北方には中国とおぼしき大陸が認められる。ただしその中国の極東部に記されたラテン語の説明には、「ポルトガル王の船乗りが発見した土地」とあり、一五〇一年におこなわれた現在のカナダ、ニューファンドランド島方面への探検の情報が組み込まれ、さらに中国の南方の説明にはコロンブスが航海した地として「チャンバ」、つまり東南アジアのチャンパ王国と思われる地名が書かれている。したがって、南米大陸に当たるはずの土地はアジア(インディアス)の一部と解されうるし、むろん大西洋と分かたれた太平洋は存在しない。つまりこの地図では、「発見」された土地に関わる認識は曖昧で不正確なままである。

これに対してヴァルトゼーミュラーの地図は、今日の世界地図によく似た様相を呈し、極東にはジパングも見える。そして西方に新たな大陸(正確には巨大な「島《インスラ》」)たる南北アメリカ大陸が描かれており、そのため事実上、太平洋に相当する大洋が出現している。ただ、太平洋はのちの一五一三年にバルボアによって発見され、一五二〇年にマゼラン(マガリャンイス)によって名付けられるため、これはいわば実証に先んじた理論的帰結に他ならない。

この地図でとりわけ注目すべきは、すでに探検による知識が北米に比してある程度蓄積されていた南米大陸に、「アメリカ」の名称が書き込まれていることである。ここに史上初めて新大陸「アメリカ」がその姿を現したといえる。『世界誌入門』の解説文では「アメリクスの地《アメリキ・テラム》」あるいは「アメリカ《シウエ・アメリカム》」とされており、この地名がアメリゴ・ヴェスプッチのファーストネームのラテン語形アメリクスの女性形に由来していることがわかる。同書は、少し前に刊行されたヴェスプッチの著作が説く最新の見解をさっそく取り入れたのである。地図においてもその上部にプトレマイオスとヴェスプッチが配されており、古代に広く知られていたプトレマイオスの世界像が、ヴェスプッチによって修正されたことを象徴的に示している。

ただしヴァルトゼーミュラーはその後、見解を後退させ、一五一三年の改訂版では南米大陸から「アメリカ」の名称を消し、単に「未知の地《テラ・インコグニタ》」と記すにとどめた(図1-3の地図でも、上方中央の小地図中の南米大陸にはそのように記されている)。しかしともあれ、この一五〇七年の地図によって、新大陸アメリカが広く世に受け入れられるようになったのは確かである。前述のように後世、アメリカ合衆国が非常に高額な価格でこの地図を購入したゆえんであり、彼らにとって同地図は、自国の国号を構成する語の淵源に他ならないといえる。

だが、このような「認識上」の大転換をもたらした「経験上」の出来事は、むろんコロンブスをもって嚆矢《こうし》とする。彼の航海は近世の劇的な幕開けを告げるものであった。

「新世界」の「発見」

そもそも「近世《アーリー・モダン》」（初期近代）とは、西洋史において一六世紀から一八世紀後半までを切り取る概念で、アメリカ史に引き付けて定義するならば、コロンブスによる新世界の「発見」から、歴史家J・G・A・ポーコックの言う「最後の古典的革命」として始まったアメリカ独立革命に至る時代を指す。すなわち同じ「近代《モダン》」でも、今日に連なる国民国家の時代たる一九世紀とは大いに異なる時代相が措定されている。

その近世史の起点として、一四九二年は最もふさわしい。この年、スペイン（カスティリャ・アラゴン連合王国）を共同統治するカスティリャ女王イサベル一世とアラゴン王フェルナンド二世は、イスラーム勢力の支配するグラナダを攻略してレコンキスタを終結させ（やがて教皇アレクサンデル六世より「カトリック両王（レイエス・カトリコス）」の称号を与えられる）、さらに同年、両王はコロンブスを支援して、あの有名な航海が実現したのである。コロンブスは新世界へ計四回、航海をおこなうが、しかしながらこの一四九二年の第一次航海で彼が「新世界を発見した」と表現するのは、必ずしも正確ではない。

むろんこの謂《いい》はいわゆる西洋中心史観に基づくものであり、たとえばコロンブスが新世界へ到達した日は、アメリカ合衆国ではコロンブス・デイとして国の祝日（現在では一〇月第二月曜日)に定められているが、これに否定的な州も散見され、またとりわけ五〇〇周年の一九九二年には、先住民を大量虐殺したコロンブスへの批判が世界じゅうで高まった。だが純粋に史実の観点からしても、この表現は正確さに欠けると言わざるをえない。なんとなれば、彼は自らが「経験上」、実際に見出した世界を、「認識上」では新世界、すなわちヨーロッパ、アフリカ、アジアに次ぐいわゆる「第四の大陸」ととらえておらず、先に述べたようにあくまでもアジア(インディアス)の一部と信じていたからである。

ではコロンブスは本当に、新世界や新大陸という語を用いることはなかったのか。彼が記したある書簡を見てみよう。計四回のうち第三次の航海では、入植地経営の失敗もあって彼はついに当局に逮捕されるに至り、囚われ人として帰国することになった。その一五〇〇年の秋、おそらくは送還される船上で(もしくは本国到着後)、一人の女性に宛てて書簡をしたためており、その中に類語が見出せる。この女性はイサベル女王と近しく、彼はスペイン王室、とりわけ女王へのとりなしを期待したのであろう。

この弁明の手紙の中でコロンブスは、「新しき天と地《ヌエボ・シエロ・エ・ティエラ》」、「新しき天と世界《ヌエボ・シエロ・エ・ムンド》」、「別世界《オトロ・ムンド》」の語をそれぞれ一回ずつ用いている。第一次航海、第二次航海で島嶼部にしか到達しえなかった彼は、この第三次航海で一四九八年、初めて南米大陸に至った。それゆえこれらの語は、その新たな知見をもとに析出され、認識上の変化を反映していると思われるが、決して「第四の大陸」を意味してはおらず、おそらくは聖書にのっとった伝統的な理解の範疇を超えるものではなかったと考えられる。一五〇六年に失意のうちに生涯を終えるコロンブスは、やはり正確な認識上の転回には終生、到達しえなかったといえよう。

これに対して一五〇三年頃、小冊子『新世界《モンドゥス・ノウス》』をラテン語で上梓したアメリゴ・ヴェスプッチは、自身の一五〇一―〇二年の航海で、南米大陸沿岸を「赤道の南のかなたへ五十度まで航海した」(長南実訳)ことから、かくも南へと延びる大陸は既知のものではないとの確信を得たとされる。したがって認識上の転回を同書で公にした彼が、地図に名を残すことになったのは故なきことではない。

しかも彼が著したとされ、その内容があの『世界誌入門』にも収録された『四回の航海』(一五〇五ないし〇六年)の記述が正しければ、彼は認識上のみならず、さらに経験上、すなわち新大陸の発見においてもコロンブスに先んじたことになる。つまりヴェスプッチはコロンブスよりも先に、新世界の大陸部――島嶼部ではなく――に到達したことになるが、その一四九七―九八年の第一次航海については存在自体、強い疑念が持たれており、他方、コロンブスは前述のように一四九八年に大陸部に至っている。したがって大陸部発見の栄誉もやはりコロンブスのものとなろう(ただし北米大陸については、後述するようにイギリスの支援を受けたジョン・カボット(ジョヴァンニ・カボート)がすでに一四九七年に到達したとされているため、あくまでも南米大陸という限定つきではあるが)。

スペインのドミニコ会士でインディオ擁護の論陣を張って有名なバルトロメ・デ・ラス・カサスも、ヴェスプッチを批判する。曰く、ヴェスプッチが「口をつぐんでいる」ため、「実際はアメリコ(アメリゴ)以外の人たちに帰せられるべき功績を、彼に帰している者も何人かいるのである」(長南実訳)。じじつ、ヴェスプッチよりも先に、一四九三年にすでに「新世界《オルビス・ノウス》」の概念に到達した人物として、イタリアの人文学者ペドロ・マルティルの名も挙げうるし、実際、ラス・カサスは彼を高く評価している。

とまれ、かくしてヨーロッパ人の「経験」と「認識」双方の上に新大陸アメリカは忽然《こつぜん》と立ち現れ、近世という時代が大きく動き始めたのである。

もっとも、新世界を最初に訪れたヨーロッパ人はそもそも誰かと問えば、それは正確にはコロンブスではない。さらに五〇〇年も前に、ノルマン人(ヴァイキング)がすでにこの地にたどり着いていたとの説が有力である。グリーンランドの定住地からレイフ・エリクソンらが航海し、彼らの伝承によれば「ヴィンランド」に到達したという。

それらしき遺構が見つかったカナダのニューファンドランド島に同定されることが多いこの入植地は、ごく短期間で放棄されたと思われ、彼らの探検の史実はその後のヨーロッパの歩みにとって大きな意味を持つことなく、いわば歴史の闇の中に消えてしまった(アメリカ合衆国では今日、一〇月九日のレイフ・エリクソン・デイは記念日ではあるが、コロンブス・デイのような国の祝日ではなく、イタリア生まれとされるコロンブスを押し立てたイタリア系に、記憶をめぐる主導権争いで北欧系が及ばなかった経緯が投影されている）。

その他、中世末期に西方の未知の地を見たとするイギリスの船乗りたちの証言も、完全には否定できないが、やはり新たなアメリカの歴史は一四九二年をもって始まったといえる。新旧両大陸の封印は破られ、孤立していた二つの世界は驚くべき勢いで交流を開始した。禁断のパンドラの箱が開かれたのである。

「コロンブスの交換」

ジャガイモのないドイツ料理、トマトのないイタリア料理を想像できるだろうか。だが、中世ヨーロッパにこれらの食材は存在しなかった。また、ある古い日本製アニメーション映画の一コマのように、古代ローマのカエサルが美味しそうに葉巻を吹かすということもなかった。すべて新大陸原産だからである（ただしタバコ属の野生種はオーストラリア地域にも存在し、大陸移動の証拠ともされる）。逆に、馬を持たない平原インディアンの姿を思い浮かべることは困難だが、前節で述べたとおり、この動物はスペイン人によってヨーロッパから持ち込まれ、そのため定住から狩猟へと生活様式を変えた部族もいたのである。

図 1-4　イギリスの本草学者J. ジェラードの著書(1597年)に再録されたタバコ(ニコティアナ・タバクム)の変種の木版画(初出は1574年)

動植物ばかりではない。ヒトやモノ、そして細菌やウィルスまでもがこの壮大な交流に加わった。先住民人口を著しく減少させた最大の要因として、ヨーロッパ人がもたらした天然痘、はしか、インフルエンザなどの伝染病が指摘されているし、新大陸の風土病だった梅毒は、やがてヨーロッパじゅうを席巻することになる(梅毒は一六世紀初頭には日本にも伝わった)。このようにマクロからミクロまで、あらゆるレベルで生じた新旧両世界の生態系の交流を、アメリカの歴史家アルフレッド・クロスビーは「コロンブスの交換」と呼んだ。大西洋はもはや両世界を隔てる障害ではなく、むしろ両者を結びつけるハイウェイとして機能し始めたのであり、この「交換」の具体相は大西洋史《アトランティック・ヒストリー》の重要なテーマともなっている。

もっとも異世界・異文化間の交換は、必ずしも容易なものばかりではない。そもそもあるモノが一つの文化から別の文化へ移植されうるか否かは、受け入れる側の文化において、この新しいモノの意味づけがなされうるかどうかにかかっている。たとえばタバコの場合(図1-4参照)、一六世紀後半にスペインの内科医ニコラス・モナルデスの著作が、当時の正統な医学体系たるガレノスの四体液説に適切にタバコを組み込んだことで、主として医学的意味づけがなされ、ヨーロッパへの文化的移転プロセスが成功裏に作動した。

むろんアメリカ先住民にとって、タバコへのアプローチは独自の宇宙観・世界観を背景とした総体的なものであったが、タバコと出会ったヨーロッパ人が最も感銘を受け、また理解しえたのは、医薬、万能薬としての側面であり、この一種の特化現象、すなわちタバコの「ヨーロッパ化」によって地球規模の連鎖が始動する。ヨーロッパ化されたタバコは世界各地の医薬体系を文化的レセプタとしてこれと結合することで、初期の異文化バリアを容易に突破し、突破したのちはタバコの依存性がその浸透を保証したのである。

ただし異文化間の接触は、むろん必ずしも双方に福音をもたらすとは限らない。先住民とヨーロッパ人との遭遇は、結果的に後者による前者の「征服《コンキスタ》」と「清掃《クリアランス》」に帰結するのである。

ヨーロッパ人の探検と入植

教皇アレクサンデル六世による一四九三年の教皇子午線、さらにそれを改定した翌年のトルデシリャス条約によって、ポルトガルとともに世界を二分したスペインは、ポルトガル領とされたブラジルを除く新大陸をその勢力下に置いた。スペインの「征服者《コンキスタドール》」たちはカリブ海を席巻したのち、先住民たちがメキシコや南米に築いたアステカ王国、インカ帝国を滅ぼし、さらに北米のフロリダやアリゾナ、テキサスにまで歩を進めて、ヌエバ・エスパーニャ(ニュースペイン)などの植民地を建設した。

アステカ王国を攻略した征服者コルテスは、当時のスペイン国王カルロス一世に宛てて計五通の報告書簡を送っている。「カトリック両王」を母方の祖父母に持ち、父方からはハプスブルク家の血統を継ぐカルロス一世は、コルテスが新大陸で最初の書簡をしたためる少し前、神聖ローマ皇帝位をフランス国王フランソワ一世と相争い、選挙資金の調達に頭を悩ませていたため、新大陸の黄金に期待していたかもしれない。ともあれ、彼は父方の祖父の後を継いで神聖ローマ皇帝カール五世としてヨーロッパに覇を唱え、やがてその息子フェリペ二世は父カルロスの退位によってスペイン王となった。

新大陸の植民地を含む広大な領土を相続したフェリペ二世は、父母のいとこ(すなわち「カトリック両王」の孫)にあたるイングランド女王メアリ一世と再婚しており、メアリの死去する一五五八年までイングランド王としても同国の共同統治を主張し、一五八〇年からはポルトガル王を兼ね、その植民地をも支配下に置いた。一五八四年、日本からの天正遣欧使節に接見した彼は、文字どおり「日の沈むことのない帝国」に君臨していたのである。

トルデシリャス条約による世界分割《デマルカシオン》にあずかれず、新大陸進出に後れを取ったフランスやイギリスは、この帝国に果敢に挑んだ。とりわけアジアへ向かう航路については、アフリカ南端の喜望峰を回る南東への航路、南米南端のマゼラン海峡を回る南西への航路が、ポルトガルとスペインによって開拓されたことから、フランスやイギリスは北米の北端を回る「北西航路」などの発見をめざした。

フランスはフランソワ一世の時代、カルロス一世のスペインに対抗して一五二四年にヴェラッツァーノが北米沿岸に航海し、さらにジャック・カルティエが現在のカナダ北西部、セントローレンス湾岸などを探検して一五三四年にその地をヌーヴェル・フランス（ニューフランス）と名付け、フランスの領有を宣言した（カナダやセントローレンス川もカルティエによる命名とされる）。その後、ヌーヴェル・フランスの領域は五大湖地方、ミシシッピ川流域へと拡大し、ヨーロッパで需要が大きかったビーバーの毛皮の交易などを先住民とおこなったが、厳しい気候もあって入植は必ずしも順調に進展せず、その広大な支配域は密な「面」というよりも、疎な「点と線」の様相を呈した。

一方、イギリスは、テューダー朝を開いたヘンリー七世（メアリ一世の父方の祖父）の時代、自国産毛織物の市場をアジアに求めて「北西航路」を開拓すべく、早くも一四九七年と九八年にジョン・カボットが北米沿岸などへ航海・探検をおこない、これがのちに北米植民地領有の根拠ともされた。カトリック政策を推し進めたメアリ一世の後を襲った異母妹のエリザベス一世は、彼女らの父、ヘンリー八世が創始したプロテスタント教会制度たるイギリス国教会を定着させ、カトリックを国是とするスペインやフランスと対抗した。

彼女の時代、私掠船《しりゃくせん》(国から特許状を得て、主として戦時に敵国船の略奪が認められた民間船)船長のマーティン・フロビッシャーが一五七〇年代後半、北西航路を求めて探検し、やはり同航路の存在を確信したハンフリー・ギルバートは一五八三年、ニューファンドランド島に到達して、これを最初の英領植民地とした。さらに私掠船船長フランシス・ドレイクは、スペインの植民地や船舶を略奪しつつ、マゼラン海峡や喜望峰を回って一五八〇年、イギリス人として初めて世界周航に成功している。

北西航路の探求はのちの時代まで続くが、しだいに北米大陸への植民を重視する勢力が台頭し、ギルバートの異父弟でエリザベス一世の寵臣ウォルター・ローリー(図1-5)は、女王の勅許を得て一五八四年から複数回、探検・植民のプロジェクトを推進した。彼自身は女王に差し止められたため、自ら赴くことはなかったものの、その地を女王にちなんで「ヴァージニア」と名付けた。このテューダー朝最後の君主たるエリザベス一世は恋多き女王であったが、スペ

図1-5　ウォルター・ローリー(1598年). ジェイムズ1世の即位後, ロンドン塔に幽閉され, いったん釈放されるも, のちに処刑された

イン王を夫に持った異母姉メアリ一世をいわば反面教師としたためか、生涯独身を通し、「処女王《ヴァージン・クイーン》」と称されていたのである(現在この姉妹は、ロンドンのウェストミンスター寺院内の同じ墓所で眠りについている)。

かくしてヴァージニアの地で、イギリス領植民地の歴史が始まる。この近世ヨーロッパ史のダイナミズムの中から生み出された小さな種は、二〇〇年近くのちに、アメリカ合衆国の成立へと至るのである。

3　英領北米植民地の礎石

失われた植民地《ロスト・コロニー》の謎

現在、ノースカロライナ州の沿岸に位置するその小さな島は、長い橋で本土とつながっている。このロアノーク島こそ、ローリーが進めたヴァージニア探検・植民プロジェクトの核であった。ローリーの友人で天文学者・数学者のトマス・ハリオットは、一五八五年の探検に同行して周辺の地の自然環境や動植物、先住民の習俗などについて詳細な『ヴァージニア報告』を著し、ともに調査にあたったジョン・ホワイトの精密な水彩画と合わせて、当時の実相を今に伝えている。同年の冬をこの島で過ごしたハリオットらは、先住民との不和や食糧不足などにより入植地の維持が困難となり、スペイン植民地襲撃の帰途に立ち寄ったドレイクの艦隊に助けられるかたちで、一五八六年に帰国した。

翌一五八七年、ローリーの意を受けて、今度は女性も含む一〇〇名以上の植民団が組織され、ホワイトが総督としてこれを率いることとなった。ホワイトの愛娘エレノア・デアも夫とともにこの植民団に加わっており、到着したロアノーク島で八月に女児を産んだ。新大陸で誕生した最初のイギリス人とされるヴァージニア・デアである。だがホワイトは食糧や物資の補給などのため、彼女らを島に残して同年、いったん帰国の途に就く。すぐに取って返すはずであったが、この時期、スペインとの外交関係が悪化の一途をたどり、再渡航がままならない。

エリザベス一世が逡巡の末、長らくイングランドで亡命生活を送っていた前スコットランド女王メアリ・ステュアートを同年二月に処刑したため、この厳格なカトリック教徒たるメアリを正統なイングランド王位継承者と位置づけていたフェリペ二世は憤り、さらにオランダ独立を巡る政治的対立などもあって、スペインは無敵艦隊の派遣を計画したのである。ハリオットが『ヴァージニア報告』を翌八八年二月頃に出版したのも、この状況下でホワイトの再渡航を広く世論に訴える意図があったと考えられる。しかし、七月にアルマダ海戦が勃発。艦隊の副司令官に任じられたドレイクや、フロビッシャーらの活躍もあって、イギリスの大勝利に終わったことはよく知られていよう。

ようやくホワイトがロアノーク島へ戻れたのは一五九〇年八月、くしくも孫娘ヴァージニア・デアの三歳の誕生日であった。だが上陸した彼が目にしたのは、無人の廃墟である。遺体らしきものは見出せず、愛する娘や孫娘の行方も杳《よう》として知れなかった。かくしてロアノーク植民地は失われたのである。この初期アメリカ史最大のミステリーともされる「失われた植民地」の運命、とりわけ幼いヴァージニア・デアをめぐって、後世のアメリカ人たちは大いに歴史的想像力を掻き立てられることになる。

何が起こったのだろうか。対立していたスペイン人によって滅ぼされた可能性は低い。では何か情報はないのか。状況証拠がわずかながら記録に残されており、とくに入植地の柱に刻まれた「クロアトアン」なる語は重要である。クロアタン族はロアノーク島より南方の島嶼部に住まう先住民で、この語はおそらくその地へ移動したことを意味していると解釈できる（図1-6参照）。その場合、他の先住民との対立や干魃などの環境変化のために、クロアタン族のもとへと移り住み、共に暮らし、融合したとの推測も成り立つ。また近年の考古学調査の結果などから、大陸部の先住民と融合した可能性も指摘されている。

ただし、ロアノークの消滅から十数年後にヴァージニアに建設されるジェイムズタウンの入植者は、ロアノークの人々の消息について確固たる情報をつかむことはできず、たとえ先住民の中で暮らしていたのだとしても、たとえばヴァージニアの地で強大な部族連合を形成してい

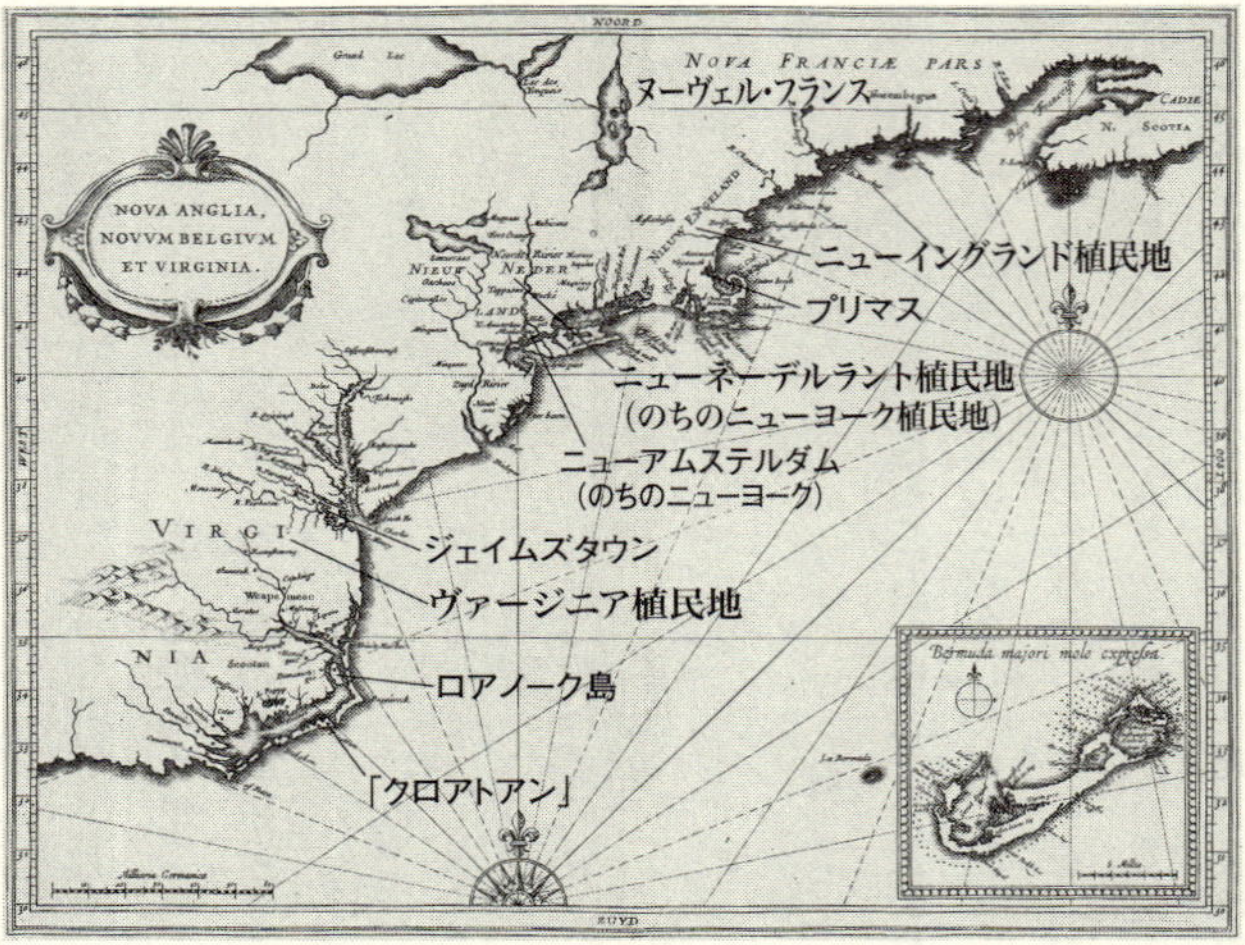

図 **1-6**　1630年にオランダで出版された北米大西洋岸の地図

たポウハタン（パウアタン）族の襲撃などにより、全滅してしまったとも考えられる。もっとも、先住民と融合した子孫の血脈が今日まで受け継がれているとの説もある。

二〇世紀に入ってエレノア・デアが文字を彫ったとされる石が次々と発見され、一部の学者らによってお墨付きが与えられたが、のちに捏造されたものであることがわかるなど、人々の興味が尽きることはない。数々の文学作品の中で、想像上のヴァージニア・デアはしばしば先住民女性の装いをし、また牝鹿の姿で描かれる。一九世紀半ばに作られ、数奇な運命を経て現在、ロアノーク島の庭園内に置かれた彼女の大理石像も、先住民部族の中で育った女性として彼女を表現している（本章扉）。彼女の生誕三五〇周年の一九三七年から今日まで、同島で毎夏上演される『失われた植民地』の劇を書いた作家がインスピレーションを得て選定した場所、かつて幼い彼女がよく遊んでいたというその場所に、大理石像は静かにたたずんでいる。

恒久的植民地ジェイムズタウン

一六〇三年、エリザベス一世が亡くなると、女王自らが処刑を命じたメアリ・ステュアートの一人息子、すなわち母の後を襲ってスコットランド王となったプロテスタントのジェイムズ六世が後継とされた。ジェイムズはイングランド王ジェイムズ一世としてステュアート朝を創始し、イングランド・スコットランド同君連合が成立する。そして一六〇七年、「ロンドン会社」が勅許を得て組織した新たな入植団がヴァージニアへと向かい、その地に植民地を建設した。ジェイムズ王の名を戴くジェイムズタウンである。

この入植地は悲惨な飢饉など初期の苦難に耐え、かろうじて存続することができたことから恒久的植民地と呼ばれ、ここに英領北米植民地の歴史が始動する。一六〇七年は、後述する有名なメイフラワー号の航海(一六二〇年)よりも一〇年以上早い。つまり現在のアメリカ合衆国へと直接つながる最初の礎石は北部ではなく、ここ南部の地に築かれたのである(図1-6参照)。

その入植最初期の優れた指導者ジョン・スミスが、前述の先住民、ポウハタン族に捕まり、処刑されそうになったところを族長の娘ポカホンタス(マトアカ)の助命で助かったとする話は、今日のアメリカで広く知られている(この部族から名をとった「黒船」ポウハタン号の艦上で、幕末の日本は日米修好通商条約を結ぶことになる)。スミス自身が著した『ヴァージニア史』(全六巻、一六二四年)第三巻の記述がその唯一の史料であり、本人は一人称ではなく三人称で書かれている。

曰く、「まさに彼が棍棒で頭を割られようとしたとき、王の愛娘ポカホンタスは……彼の頭を両腕で抱え、彼の上にわが身を投げ出して、彼のために命乞いをしたのである」。スミスは一六〇九年に帰国し、以後、ジェイムズタウンに戻ることはなかったが、帰国以前の一六〇八年に彼の書簡をもとにロンドンで出版された冊子にはこの話への言及はなく、信憑性に大いに疑念を抱かせるものの、入植にネガティヴな情報として、彼があえて隠した可能性はある。また先住民の儀礼を彼が誤解したとの説も唱えられているが、エピソードの真偽自体は判然としない。

とまれポカホンタスはキリスト教に改宗してレベッカの洗礼名を与えられ、一六一四年に別のイギリス人と結婚する。スミスが『ヴァージニア史』第四巻でその相思相愛ぶりを強調するジョン・ロルフである。ロルフはタバコ栽培をこの地にもたらし、繁栄に導いた。そもそも入植地では当初、タバコ栽培はまったく念頭になく、ガラス製造などが試みられたが必ずしもうまくゆかなかった。またタバコを栽培しようにも、当地の先住民が用いていたタバコの栽培種、ニコティアナ・ルスティカの味は彼らの嗜好に合わなかった。だが、ロルフはいま一つの栽培種、ニコティアナ・タバクム(図1-4)を導入して植え付けに成功し、ここに英領北米植民地最大の商品作物となるタバコの栽培が開始されたのである。

ロルフは一六一六年に妻ポカホンタスと息子トマスをともなってイギリスに渡り、ポカホンタスは「アメリカの王女」としてジェイムズ一世の宮廷で歓待されるも、翌年、植民地への帰途、病を得て、ロンドンからそう遠くないテムズ河畔の町グレーヴゼンドで客死した。ロルフは息子をイギリスに残して、単身、帰還する。ポカホンタスの遺体はグレーヴゼンドの聖ジョージ教会の祭壇の下に埋葬されたとされるが、教会の建物はのちに焼失し、その後再建されたため、正確な埋葬場所を知る手掛かりは失われてしまった。

そして時代が下って一九五七年。ジェイムズタウンが入植三五〇周年を迎え、これを機にイギリスのエリザベス女王(エリザベス二世)が同地を訪問し、翌年、ヴァージニア州知事はその返礼の意も込めつつ、聖ジョージ教会に一体の像を寄贈した(図1-7左)。一九二二年にジェイムズタウンに建立されたポカホンタス像(図1-7右)と寸分違わぬ像である(この像が纏《まと》っている衣服は一九世紀のラコタ族のものだとの批判がある)。今日なお、ポカホンタスの子孫を名乗るアメリカ人――まったくの白人に見える――が、この教会を訪れることもある。なんとなれば、ポカ

図 1–7　聖ジョージ教会の前庭に立つポカホンタス像(左)と，ジェイムズタウンのポカホンタス像(右)

ホンタスの息子トマスは長じてアメリカに戻り、イギリス人女性と結婚して子孫を残したため、ポカホンタスの血脈は今日まで受け継がれているとされているからである。

かくして遺骨の所在すら定かでない「アメリカの王女」ポカホンタスは、四世紀の時を超えてなお、この客死した地で「生き」続け、米英の絆を強化し続けている(トランプ大統領は、侮蔑的な意図をもって彼女の名を口にしたとして批判された)。

一六一九年の光と影

ジェイムズタウンを首府として入植地を拡大するヴァージニア植民地は、入植者に土地を与える「人頭権」などを導入して移住を促し、一六一九年八月初めには英領アメリカの地で最初の植民地議会を開催するに至る。

ただし同じ年、もう一つの興味深い史実が確認される。証言するのは妻ポカホンタスを亡くして単身イギリスから戻ったジョン・ロルフである。彼の書簡には、「八月末頃、オランダの軍艦が到着し、……二十余名の黒人を連れてきた」とある（図1-8①。傍点著者）。この「軍艦」は実際にはオランダ船籍ではなく、オランダが発行した私掠免許状を携えたイギリスの私掠船で、「二十余名の黒人《ニグロ》」はポルトガルの奴隷船から略奪した捕虜であった。ロルフは私掠の責任をオランダに転嫁する意図で、このような表現を用いたのであろう。

当該書簡は「一六一九年一月」と裏書されているが、イギリス帝国内では一七五二年のチェスターフィールド法施行まで、カトリック諸国で一五八二年以降すでに広く用いられていたグレゴリウス暦（新暦）ではなく、ユリウス暦（旧暦）が使われており、この頃には一〇日の遅れが生じていた。さらに、年始も一月一日ではなく「お告げの祝日」の三月二五日とされていた（つまり、わが国の「年度」に近い）ことから、この書簡の年次は新暦の一六二〇年に当たり、したがって文中の「八月末頃」は一六一九年の出来事となる（ただし改暦前でも一六世紀中葉前後からいくつものヨーロッパ諸国が一月一日を年始と定め、英帝国内のスコットランドも一六〇〇年にそれに倣っている）。

とまれ、この一六一九年がヴァージニアに、すなわちのちにアメリカ合衆国となる地に、初めて黒人奴隷がもたらされた象徴的な年とされる。しかし第二章で詳述するように、この時点ではまだこの地に奴隷制は確立しておらず、法的には、やはり後述する年季契約奉公人――年季が明けると解放される強制労働力――として扱われたと考えられる。

　ただし、一六二〇年（史料上の年次は旧暦の一六一九年）「三月初め」のヴァージニアにおける人口調査報告を見ると、「数名のプランター（入植者・農園主）に仕えている黒人《ニグロ》」として「三二名」、その内訳は「黒人男性一五名」、「黒人女性一七名」とあり（図1-8②）、すでに人種の別が強く意識されていた様子がうかがえる。この三二名に前述の二十余名が含まれているか定かではないが、両史料の史実の間におよそ半年ほどの開きしかないことから含まれている可能性もある。また逆に、一六一九年「八月末頃」以前に黒人が持ち込まれていた可能性も考えられるが、ロルフのこの書簡に先立つ明確な証拠はない（たとえば一五八六年にドレイクの艦隊がロアノーク島の入植者を救助した際、船中のスペースを確保するために、積んでいた多くの黒人奴隷を解放して同島に降ろしたとの説もある）。

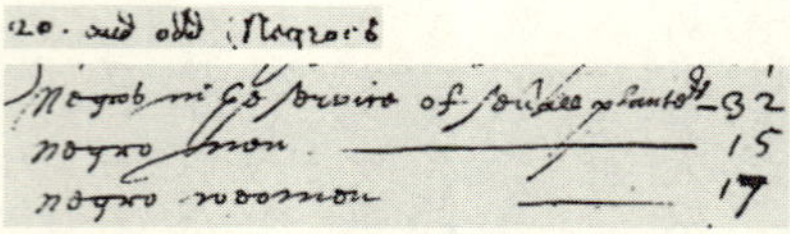

①ジョン・ロルフの書簡　②ジェイムズタウンの人口調査

図1-8　最初期の史料に見える「黒人」

　とまれ同じ一六一九年に、最初の自治的議会と最初の黒人「奴隷」という、いわばアメリカの光と影の双方を象徴する出来事がこの地で生じたのである。ジェイムズタウン、そしてヴァージニア植民地は、その意味でもアメリカの原型に他ならない。

　一方この地の先住民たちは、一六一八年に首長ポウハタンが死去したのち、入植者に対して態度を硬化させ、一六二二年「三月二二日金曜日」、ついに一斉蜂起してヴァージニア入植者人口のおよそ三分の一を殺害したとされる。ただし黒人には危害を加えなかったという。首府ジェイムズタウンは、キリスト教に改宗したある先住民の密告でかろうじて難を逃れたが、同年に亡くなったロルフは、この蜂起の犠牲になったとも、また病死したとも伝えられている。

4　一三植民地の建設

英領北米植民地の成立基盤

これまで見てきたイギリスの探検・植民事業は、当初もっぱらイギリスの支配階級たる地主ジェントルマンが資金を拠出する「実験企業」として、私的な形で営まれていた。ジェントルマン階級とは、貴族――イギリス議会で上院(貴族院)を構成――、およびジェントリ――ナイト、エスクワイアなどの身分を有し、下院(庶民院)を構成――からなり、広大な領地の収益で暮らし、たとえばキツネ狩りなどの社交を楽しむ地主層である。しかし彼らは同時に、領民の安寧に責任を持つ必要があり、植民もそのためのさまざまな事業の一つと位置づけられた。彼らが推進する植民事業に対して、国王が特許状(勅許状)を発してお墨付きを与えたのであり、最終的には直轄化される場合もあった。

こうしてヴァージニア植民地をはじめとして、イギリス領の植民地が一七―一八世紀、新世界につぎつぎと創られてゆく。カリブ海域の西インド諸島の植民地や、カナダの植民地などを合わせると、独立革命前夜までに建設された英領植民地は三〇以上、数え方によっては四〇弱となる(図1-9)。なかでも北米の大陸部に建設された一三の植民地は、のちにアメリカ合衆国を形成することになったため、アメリカ史においてとりわけ重要視され、「一三植民地」と総称される。一三の植民地がともに独立したのは、偶然の所産というべき面もあった――すなわち一二や一四となる可能性もあった――が、ここではこの一三植民地に焦点を当てて、その成立基盤を俯瞰したい。

一三植民地は建設の経緯や地理上のまとまりなどから、北から南へ「ニューイングランド植民地」、「中部植民地」、「南部植民地」に大別される。また、成立基盤・統治形態によっても、大きく三つに分類されうる。各植民地の統治形態は時とともに変遷しており、その様相を表1-1にわかりやすくまとめた。

まず、社会契約に基づく植民地は、国王の特許状なしに本国政府とは無関係に創設されたもので、植民初期のニューイングランドにみられたが、のちに特許状を与えられるか、ほかの植民地に併合されるかして、一七世紀末には姿を消す。メイフラワー号の巡礼父祖《ピルグリム・ファーザーズ》が創設したプリマスも、当初はこのタイプの植民地であった。分類の二つめは、建設が国王の特許状に

図 1-9　北アメリカと西インド諸島(1763 年)

表 1-1　13 植民地の成立と展開(太字が 13 植民地)

英領北米植民地		社会契約にもとづく植民地	特許状にもとづく植民地		王領植民地
			自治植民地	領主植民地	
ニューイングランド植民地	プリマス	1620* →			→ 1691(マサチューセッツへ)
	ニューヘイヴン	1637(1639) →	1664(コネティカットへ)		
	プロヴィデンス	1636 →	1644(ロードアイランドへ)		
	マサチューセッツ		1629* →		→ 1691
	ニューハンプシャー			(1629) →	1680*(1691)
	コネティカット	1636(1639) →	1662*		
	ロードアイランド		1644(1663)*		
中部植民地	**ニューヨーク**			1664 →	1685*
	ニュージャージー			1664(1674)* →	1702
	ペンシルヴェニア			1681†	
	デラウェア			1664(1701)†	
南部植民地	**メリーランド**			1632†	
	ヴァージニア		1607 →		→ 1624
	ノースカロライナ			1663{1712 →	1729
	サウスカロライナ			1712 →	1720
	ジョージア			1732 →	1752

＊　ニューイングランド王領(ドミニオン)期あり(1686–89 年)
†　王領期あり

よって保証された植民地で、特許状が付与される対象によってさらに二とおりに区分される。社団(会社・組合)に対して付与された場合を自治植民地、一人もしくは複数の「個人」に対して与えられた場合を領主植民地と呼ぶ。領主植民地としての創設は中部植民地・南部植民地に多く、領主は国王に近しい者などであった。分類の三つめは王領植民地で、これは文字どおり国王・本国政府の直轄下に置かれており、ほかのタイプの植民地を王領化することによって創られた。

こうして独立革命前夜には、自治植民地が二つ、領主植民地が三つ、王領植民地が八つ、という状況に至った。王領化政策は一七世紀末からしだいに強化されてきたもので、イギリス第一帝国のいっそうの引き締めを狙った政策であったといえよう。

新大陸の植民地支配を中心とするこのイギリス第一帝国は旧帝国とも称され、やがてアメリカ独立革命とイギリス本国での工業化の進展を契機として帝国の重心は西から東へと移動し、一九世紀にはインドなどの支配を中心とする第二帝国（新帝国）が出現することになる。かかる見方は、イギリス史家のヴィンセント・ハーローの名をとってハーロー・テーゼとも呼ばれ、近年は批判的な見解も出てきてはいるものの、依然として重要な区分法であることに変わりはない。

英領北米植民地の統治機構

ここで王領植民地を例にとって、第一帝国内の統治機構を概観してみよう。時代によっても異なるが、まず本国における植民地政策の決定・遂行の流れとして、国王、枢密院、南国務相、通商拓植院（商務院）の系統が存在する。植民地の究極的な支配者たる国王は枢密院によって補佐され、この枢密院の判断によって、植民地議会の立法は無効とされることもあった。また、各王領植民地での国王の代理人たる総督（原語のガバナーは独立後は州知事の意）は、通商拓植院の推薦によって任命された。

そして植民地では総督の指示のもと、植民地議会が招集・解散された。植民地議会は上院としての参議会（参事会）と下院としての代議会からなり、参議会員は総督の推薦により国王が任命し、代議員は選挙によって選ばれた。本来、総督の諮問機関であった参議会が上院として位置づけられ、本国議会にならって二院制が創り上げられたのである。代議員の選挙権は白人成人男子のあいだで、本国以上に広範に行使されており、戸主であれば女性に認められる場合もあった。代議会はたとえば総督の給与支出に関する権限も握るなど、その勢力はときに総督の意向を大きく左右し、王領植民地といえども、かなりの自治が保障されていたのである。

また当時の選挙は、一般に激しい意見対立や利害対立の表出の場ではなく、地域の名望家支配を追認する儀礼的な側面が強かった。つまり支配する側のエリートと支配される側の民衆とは、社会層としてある程度はっきりと分かれており、前者は後者の敬意・同意を取り付けつつ、安定した政治支配を維持していたのである。これを「敬意の政治」といい、今日の民主政治の一般的なイメージからすれば、やや異質な政治形態ともとらえうる。

一方、各植民地の地方行政は郡《カウンティ》を単位として展開され、その中心に郡庁（郡役所）があり、治安判事、保安官、警吏などが任命・選挙された。郡庁が結節点となって、地域社会に一定の共同体的枠組みが付与されていたのである。ただし、アメリカで郡とされるこのカウンティの語はイングランドなどでは州《シャイア》を意味し、元来、国家を意味するステイトの語が独立後のアメリカでは州ともされることから、「国―州―郡」の訳語と原語との対応関係は英米でずれることになる。

そもそも植民地の正式名称としてしばしば用いられた「プロヴィンス」の語は、古代ローマの属州《プロウィンキア》にさかのぼりうるのであって、一三個の植民地はそれぞれ独自の議会を持ち、それぞれ下位に多くのカウンティ(イギリス本国から見れば州)を擁する一三個の周縁の国のごとき存在ととらえることもできる(ただし今日、マサチューセッツ、ペンシルヴェニア、ヴァージニアなどは正式名称としてステイトではなくコモンウェルスを名乗り、イギリス国王を君主にいただくカナダでは、州は今もプロヴィンスである)。

歴史家のJ・H・エリオットやH・グスタフソンが喝破したように、前述したスペイン王室やイギリス王室の例のごとく、近世ヨーロッパではそれぞれの国が独自の身分制議会を持ちながらも、君主間の婚姻や相続など――血統にもとづく君主のいわば属人的要素――によってしばしば同君連合が成立し、複合的な国家が生じる現象がみられる。これを近世的な主権国家体制たる「コングロマリット国家(礫岩《れきがん》国家)」とも言い、一九世紀以降の国民国家と対比することができる。

アメリカ植民地を包含するイギリス第一帝国をこのような視点からとらえるならば、各植民地が独自の議会を持ち、ある程度の独立性を保持しつつも、同一の君主のもとに統合されている様態に他ならず、まさにこの近世的なコングロマリット国家を体現しているともいえる。さらに敷衍して考えるならば、このような様態の国家は、五〇のステイトが一人の大統領の下に集塊した今日の連邦国家、アメリカ合衆国に受け継がれていると見ることも可能かもしれない。

南部植民地

さて、一三植民地の建設について、地域ごとに具体的に見てゆきたい。まず、恒久的な英領北米植民地が最初に創られた南部植民地では、表1-1にあるように最終的に五つの植民地が形成され、共通した特徴として黒人奴隷制プランテーションの広範な展開が指摘できる。温暖な気候を利用して、ヴァージニアやメリーランドではタバコが、カロライナやジョージアでは米やインディゴ(藍)などの換金作物が作られた。つまりこれらの植民地の経済的発展は、大西洋のかなたのヨーロッパ市場なしにはありえなかったといえる。

ヴァージニア植民地では、先述した一六二二年の先住民蜂起のあと、二四年にはロンドン会社が解散となり、植民地は王領化された。その首府は、一七世紀末にジェイムズタウンから、より内陸のミドル・プランテーションに移り、当時の国王ウィリアム三世（オランダ総督として第三次英蘭戦争を戦い、一六八八―八九年の名誉革命後にイギリス国王として即位。共同統治した妻のメアリ二世はいとこで、ともにジェイムズ一世のひ孫）にちなんでウィリアムズバーグと改名された。ワシントンやジェファソンが闊歩したこの町は、主要な建物の配置がのちのワシントンDCを彷彿とさせ、今日、往時を再現したコロニアル・ウィリアムズバーグとして多くの観光客を集めている。

さて、一六三二年にそのヴァージニア植民地の北部を切り取って建設されたメリーランド植民地は、ボルティモア男爵カルヴァート家を領主とする領主植民地であり、のちにピューリタン革命で処刑されるチャールズ一世（ジェイムズ一世の子）の妻ヘンリエッタ・マリアにちなんで名づけられた。

図 **1-10**　かつてのメリーランド植民地の首府，セントメリーズシティ内に立つ記念碑の一部

初代ボルティモア卿は自らが信仰するカトリックの「避難所」とすべく、最初、ニューファンドランド島への入植（アヴァロン植民地）を試みたが気候が厳しく、失敗した。その試行の残滓は、今日のメリーランド州の州章に認められる（よく用いられる裏面（図1-10）には、メリーランドを表象する農民とアヴァロンを表象する漁民が描かれ、表面には「メリーラ

ンドとアヴァロンの絶対君主ボルティモア男爵」とラテン語で記されている)。息子の第二代ボルティモア卿は初代メリーランド領主としてこの南方の地に入植団を送り込み、以後、名誉革命後二十数年間の王領期を除いて、独立革命まで六名の領主が統治したが、彼らはイギリスに居住していることが多かった。

この植民地では当初、荘園制を導入して封建的な免役地代を取り立てたものの、かかる封建遺制は根付かず、すぐに有名無実化した。またカトリックの入植者が少なかったこともあって、早々と宗教的寛容策を取り入れ、一六四九年には宗教寛容法を制定した。同法はむろんキリスト教以外の信仰に対してまで自由を保障するものではないが、当時の新旧両大陸の宗教事情を考えるならば、可能なかぎりの政教分離を定めた法律といえよう。この植民地は、アメリカの宗教の特性とされる政教分離と多教派《デノミネーショナリズム》の共存をめぐる最初期の実験場だったのである。

やがて本国の名誉革命に乗じてイギリス国教会が公定化され、第三代領主も改宗するものの、カトリックの勢力は一部温存され続けた。一七七六年に独立宣言に署名した五六名のうち、メリーランド選出の大プランター、チャールズ・キャロル・オブ・キャロルトンは、唯一のカトリック教徒であった(彼はその五六名中、最後まで生き残った人物で、一八三二年に死去した)。

カロライナ植民地は、一六六〇年の王政復古でピューリタン革命が終結し、王位に就いたチャールズ二世が功績のあった八名の貴族を領主として創設した領主植民地で、名称はこの地の勅許を最初に発した父チャールズ一世にちなむ（チャールズのラテン語形はカロルス）。当初、建設の青写真としてジョン・ロックの手になる「カロライナ基本法」を掲げたが理想にとどまり、最終的に南北に分かれて王領化された。

ジョージア植民地は一三植民地のなかでは最も遅く、ジェイムズ・オグルソープによって債務者の救済などを目的に創られ、ジョージ二世（メアリ二世の妹アン女王で途絶えたステュアート朝の後を襲ったハノーヴァー朝ジョージ一世の子）にちなんで命名された。当時は債務が弁済できないと債務者監獄に収監される場合もあり、このような不遇な人々なども入植者に想定してサヴァナの町から建設が始まり、さらに同植民地はフロリダのスペイン勢力に対抗する防塁の役割をも担った。

また、これら南部植民地（および中部植民地）の奥地に展開したフロンティア地域では、スコットランドやアイルランドなど、本国の周辺地域の人々が入植し、独特な社会を築き上げていた。彼らは先住民との対立の最前線に位置しており、植民地政府に対してもしばしば暴力的なかたちで不満を表明し、たとえばヴァージニアのベーコンの反乱（一六七六年）では、民主的な要求を掲げる一方で、先住民政策に関していっそうの強硬策を求めたのである。

さらに、独立革命前夜の一七六〇年代後半を中心に南北カロライナで起こった植民地時代最大規模の内乱、レギュレーター運動でも、西部の農民たちは東部沿岸地域の支配層に対するさまざまな格差の不満から武力に訴えており、これらの動きをアメリカのポピュリズムの伝統に位置づける見方もある。

ニューイングランド植民地

ジェイムズタウンから本国に帰還した前述のジョン・スミスは、一六一〇年代半ばに北米北東部を探検し、その地を「ニューイングランド」と呼んだ。ただしそれ以前、ジェイムズタウン入植と同じ一六〇七年に、数カ月遅く、現在のメイン州に入植地（ポパム植民地）が創られているが、一年余りで放棄された。その後、ニューイングランド植民地は、主として本国の宗教的迫害から逃れてきた人々によって建設されることになる。

その嚆矢は一六二〇年、イギリス国教会からの分離を主張し、メイフラワー号で新大陸に渡った分離派ピューリタンたちで、自ら「聖徒《セイント》」と称し、聖徒以外の乗客たちを納得させる意図もあって、プリマスへの上陸に先立って入植地運営のための契約、「メイフラワー誓約」を結んだ。もっともこの時点で、前述のように探検・漁業活動を通じてイギリス人と先住民とは接触があり、めぼしい土地には英語名がつけられていたし、英語を話す先住民のスクアント――スミスとともに探検におもむいた船長に捕らえられてスペインに奴隷として売られ、イギリスに住んだ経験もある――らが、大いに彼らを歓待したのである。

そして二〇〇周年の一八二〇年に、彼らメイフラワー号の一〇二名を政治家のダニエル・ウエブスターが巡礼父祖《ピルグリム・ファーザーズ》と呼び、以後、その呼称が普及することとなった。また、上陸時にピルグリムたちが最初に足を掛けたとされる岩、「プリマス・ロック」が今日、海岸に祀られており、アレクシ・ド・トクヴィルも『アメリカのデモクラシー』(第一巻、一八三五年)の注において、君主制下の国民の「王宮の門」に対する無関心と比べつつ、この岩を高く評価しているが、一八世紀半ばから語られるようになった建国神話の一つといえよう。

ともあれ、先住民の助力も得てプリマス植民地は当初の危機を乗り越え、やがてポカノケット族(ワムパノアグ族)の族長マサソイトとともに一六二一年、広場《コモン》で最初の感謝祭を祝うが、半世紀後、多くの先住民を率いて入植者に挑んだその息子メタカム(フィリップ王)は、同じ広場で首をさらされることになる(フィリップ王戦争)。

のちにプリマスを吸収することになるマサチューセッツ湾植民地は、聖書にいう「丘の上の町」たるべく、会衆派ピューリタンによって建設された「バイブル・コモンウェルス」であり、総督ジョン・ウィンスロップが礎石を据えた。タウンシップと呼ばれる一種の住民共同体と、タウンミーティングによる地方自治を特色とする一方で、一七世紀末のセイラムの魔女狩りにみられるような宗教的不寛容さも併せ持ち、いわゆる「神権政治《テオクラシー》」を現出した。セイラムで生じた魔女狩りは、近世ヨーロッパで盛んにおこなわれた魔女狩りのほぼ末期の事例にあたり、共同体内の対立も背景に、二〇〇名以上が告発され、うち一割が刑死した。神権政治に対して、教会と政治権力との分離を主張したロジャー・ウィリアムズや、道徳律の不要論(反律法主義《アンチノミアニズム》)を唱えたとされた女性アン・ハチンソンは追放に処され、ウィリアムズは新たにロードアイランド植民地を開いた。トマス・フッカーも自らの理想を掲げてコネティカット植民地を創設した。さらにのちの一七三〇年代から四〇年代には、牧師のジョナサン・エドワーズらが主導した信仰復興の運動「大覚醒」(第一次大覚醒)が高まりをみせ、北米植民地全域に影響を与えることになる。

ニューイングランドの土地は必ずしも肥沃でなかったため、漁業・造船業・貿易業などが盛んになり、多くの男性が船乗りの経験を有し、奴隷貿易に従事する者もあった。一六八〇年代後半には、植民地支配の強化をめざす国王ジェイムズ二世(チャールズ二世の弟)などによって、ニューイングランドから中部植民地の一部までを統合して一人の総督のもとに置く広大な「ニューイングランド王領(ドミニオン)」が創られたが、この専制的な体制は本国の名誉革命に連動した蜂起で解体され、マサチューセッツ湾植民地は新たに与えられた特許状で王領植民地に移行したのである。

中部植民地

中部植民地とは、一六六〇年の王政復古後にハドソン川とデラウェア川の流域に成立した四つの領主植民地をさす。穀物の生産・輸出を特色としたため、「パンの植民地」とも呼ばれる。ハドソン川流域には早くからオランダ人が進出してパトルーン制（大地主制）を展開し、マンハッタン島のニューアムステルダムは貿易港として発展をみた。この時に築かれた防護壁がウォールストリートの起源である。また、後の大統領セオドア・ローズヴェルトとフランクリン・ローズヴェルトの先祖もオランダから入植している。

民族的にも多様なこのニューネーデルラント植民地は、第二次英蘭戦争に先だつ一六六四年、イギリスが占領し、ヨーク公（のちのジェイムズ二世）にちなんでニューヨークと改められ、さらに一六八五年には王領植民地となった。一七三五年、この植民地の総督を批判する新聞を発行したとして逮捕されたジョン・ピーター・ゼンガーが、陪審裁判で無罪を勝ち取った事件は、報道の自由の勝利として記憶されている。

デラウェア川流域には当初、スウェーデン人が定住し、丸太小屋の工法を持ち込んでいたが、ニューネーデルラントに統合されたのち、英領となった。この地の植民に中心的な役割を担ったのが、「内なる光」などの内面的体験を重視し、絶対平和主義を掲げる新教徒、クエーカー教徒（フレンド派）である。各地で迫害を受けた彼らは、ニュージャージー植民地を避難所とすべく試みたが必ずしも成功せず、やがて植民地は王領化された。

一方、クエーカーに改宗したウィリアム・ペンは、海軍提督だった父が国王チャールズ二世に対して有していた債権を相続し、これと引き換えに国王からデラウェア川西方の広大な土地を得た。「ペンの森」、ペンシルヴェニア植民地の誕生である。彼はクエーカー教徒のみならず、今日まで自給自足の生活を送るアーミッシュ(再洗礼派の新教徒メノナイトの分派)など、ヨーロッパの諸宗派にも広く門戸を開き、さらに先住民との友好を追求するなど、自らの言う「神聖なる実験」を試みた。彼の名づけた「兄弟愛の町」フィラデルフィアは政治・経済の中心として繁栄し、また、ドイツからの入植者も多く、「ドイチュ」の訛りに起因する「ペンシルヴェニア・ダッチ」の語に今もその名残をとどめている。

なお、ペンシルヴェニア植民地とメリーランド植民地の境界をめぐっては、両者の特許状が錯綜していたため争いが絶えず、最終的に第五代メリーランド領主で第六代ボルティモア卿のフレデリック・カルヴァート(レイプ事件を引き起こしてイギリス社交界を追放され、ヨーロッパ各地を転々としながら贅沢三昧、放蕩の限りを尽くした)が、ペン家との以前の合意を受け入れ、一七六〇年代にC・メイソンとJ・ディクソンが測量をおこなって境界を確定させた。この境界線は「メイソン・ディクソン線」と呼ばれ、やがて自由州(北部)と奴隷州(南部)の境と位置づけられることになる。線に沿って置かれた石の標識は、現存しているものも多い。

第二章　近世大西洋世界のなかの英領北米植民地

――ヒト・モノ・カネ

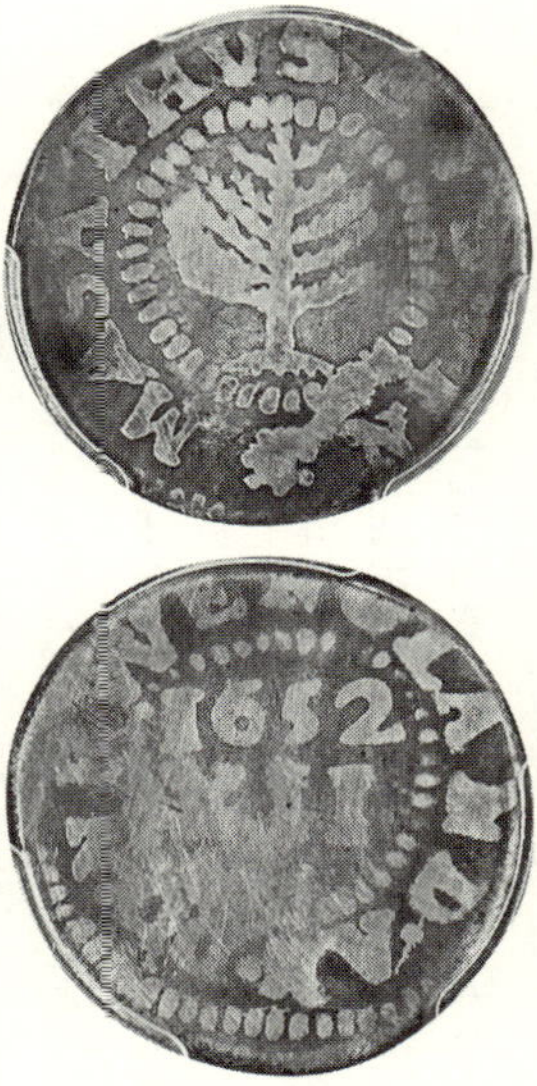

「松の木銀貨」の表・裏
(1シリング，径 2.3 cm)

1　英領北米植民地を見る眼——近代世界システムから大西洋史まで

近代世界システムの論理

本章では、個々の植民地のミクロな歴史事象にこれ以上踏み込むことはあえて避け、その背後にあるメカニズムをマクロな視座から見てゆきたい。すなわち近世大西洋世界のなかでの一三植民地、さらには英領植民地の全体像を、ヒト・モノ・カネの観点から体系的に記述し、植民地時代固有の時代相を探る作業である。

本節ではまず、関連する主要な理論的アプローチをいくつか概観し、その史学史的な展開を通じて、時代相のより巨視的な把握のための方法論を提示したい。

最初に取り上げるのは、近代世界システム論である。大西洋世界のみならず、地球規模での壮大な歴史観を誇る世界システム論は、ヨーロッパ中心史観との批判はあるものの、一九八〇年代以降、わが国でも広く支持された。この世界システム論の立場からすれば、新世界の北米植民地はどのように位置づけられるのか。

主たる唱道者イマニュエル・ウォーラーステインによれば、そもそも「世界システム」とは複数の文化体を含む単一の分業体制のことであり、政治的に統合された「世界帝国」と、経済的に構築された「世界経済」とに分類される。そして近世以降は、資本主義的「世界経済」がヨーロッパを中心に成立し、新大陸の植民地をも貪欲に呑み込みつつ、成長を遂げたとする。

つまり「近代世界システム」はすぐれて「ヨーロッパ世界経済」として誕生したのであり、その契機は中世末期にヨーロッパを覆った「封建制の危機」に求められる。ここからの脱出の鍵こそ、ヨーロッパの地理的拡大にほかならなかったのである。そして「中核」たるヨーロッパ諸国は強力な主権国家を創り上げ、植民地を「半周辺(半辺境)」や「周辺(辺境)」としてシステムに組み込みつつ、互いに熾烈な競争を展開してゆく。「中核」ではヘゲモニーをめぐって英仏の抗争が激化し、一方、スペインとポルトガルは「半周辺」へと、その地位を低下させてゆくことになる。

コロンブス以降、急速に展開した世界の一体化は、この「近代世界システム」と世界各国・諸地域との関わり方としてとらえることができる。当初、システムの外部に位置していたアフリカやアジアは、ヨーロッパと商業的関係を取り結び、前者は奴隷、後者は綿や茶などを交換したが、のちにシステムに組み込まれ、おもに「周辺」として植民地支配に屈してゆく。一方、アメリカ大陸は早々とシステムに取り込まれ、ニューイングランドなど、自由労働が支配的であった北米の「自由な植民地」は「半周辺」の地位を得たが、北米南部からラテンアメリカにかけては黒人奴隷制などの強制労働が展開し、「周辺」に位置づけられた。

かくして近代世界システムの拡大の過程で、最初はシステム外にあったアジアの東インド——茶を産するようになる——も、早くから「周辺」としてシステム内におかれたカリブ海の西インド諸島——砂糖を産する——も、香る一杯の砂糖入り紅茶のごとく、このシステムに貪欲に呑み込まれ、ヨーロッパを中心とする世界的な分業体制の歯車と化すのである。

発展モデルとイギリス化

一方、アメリカ史において社会史研究がしだいに興隆する過程で、近世の英領アメリカ植民地を理論的にとらえる視座がジャック・P・グリーンによって示され、大きなインパクトを与えた。彼の「発展モデル」によれば、チェサピーク植民地——メリーランド植民地やヴァージニア植民地などチェサピーク湾岸のタバコ植民地——の発展こそが英領植民地の典型例と位置づけられ、従来規範と考えられたニューイングランドはむしろ例外と見なされる。

多様な英領植民地の状況を統一的に理解するための枠組みたるこのモデルでは、植民地社会の典型的な歴史展開は三段階に措定される。植民の初期、すなわち第一段階では本国から受け継いだ社会が新大陸の環境にふれていったん「単純化」し、次いで環境に適応してゆくなかで第二段階として社会の「複雑化」が生じる。そして第三段階では社会層の分化・固定化も一層進み、一八世紀半ばまでにイギリス社会のコピーが植民地につくり上げられる。すなわち最終的に本国社会の「複製化」に至るのである。

このプロセスの背後には、二種類のヴェクトルの作用が認められる。一つは本国から持ち込んだものを植民地環境へ適応させる「クレオール化」の力、いま一つは本国の伝統・文化規範・社会秩序などを重視する「イギリス化」の力である。

一七世紀には前者の作用によってニューファンドランドから西インド諸島まで、新大陸の英領植民地は多様な環境に対応する多様な社会を形作ったが、一八世紀には後者の力が強まり――すなわちイギリス化が進行し――、本国社会を「目標」として収束した結果、各植民地は互いによく似た様相を呈するようになったとする。かくしてイギリス化は、植民地史研究における重要なキーワードとなり、独立革命をアメリカ化(クレオール化)の帰結とする従来の見方とも対峙した。

後世の移民はアメリカ合衆国というホスト社会への適応＝アメリカ化を求められることになるが、植民地時代の最初期には入植者たちが適応すべきホスト社会はそもそも存在していなかった(先住民社会はそのような機能を果たしえなかった)点に改めて留意したい。イギリス人入植者たちは自らが築き上げる社会のモデルとして本国以外は措定しえず、新大陸の環境のなかに箇易的ながらイギリス社会を移植し、そこにイギリス人として入っていったのである。当初、本国と大きく異なる社会の建設を意図的に推し進めた地域も、結局オルタナティヴとはなりえなかったといえる。

大西洋史のパラダイム

さらに今日では、大西洋を囲む四大陸――南北アメリカ大陸・ヨーロッパ大陸・アフリカ大陸――の相互連関を考究対象とする大西洋史のアプローチが広く支持されるに至っている。大西洋史において注目されるのは、たとえば移民や国際商品の史的展開など――すなわち大西洋を舞台としたヒト・モノ・カネのダイナミズム――であり、これらはいわゆるグローバル・ヒストリーの中心的なテーマともいえる。近世の国際商品としては砂糖やタバコなどが特筆され、また移民史と関連して、船乗りや海賊など、これまでのナショナル・ヒストリーの枠に収まりきらなかった周縁的存在も、国境を楽々と越える大西洋史においては重要な研究対象である(マーカス・レディカー『海賊たちの黄金時代』などはその代表的著作といえる)。その際、大西洋世界内部の相互の影響、変容の過程を探る環大西洋的な関係史が希求され、そこではたとえば、前章で述べた「コロンブスの交換」などが紡ぐ世界像が焦点を結ぶのである。

では、史的システムとしての大西洋史がカバーする時間幅は、どのように考えられるのか。

大西洋史研究を文字どおり主導する泰斗、バーナード・ベイリンは、大西洋史を「ヨーロッパ人と西半球との最初の出会いから、革命の時代までを扱う」とし、「三〇〇年間にわたる近世大西洋世界全体の歴史」をその対象に掲げている。つまり一六世紀から一八世紀後半までの近世を大西洋史の主たる守備範囲と位置づけるものの、その端緒は一五世紀末に遡り、ラテンアメリカ諸国の独立を含んだ環大西洋革命の時代、すなわち一九世紀前半に至るまでの時代幅を想定している。もっともその終点については、奴隷制の終焉――ブラジルで奴隷制が廃止された一八八八年――などを措定する研究者もおり、さらに今日までを射程に入れる議論もある。

ともあれ、従来の制約から解き放たれ、広大な歴史研究の海原に船を漕ぎ出したこの大西洋史のアプローチの意義は大きい。今後、たとえ合衆国固有の領海に引き戻そうとする潮流が生じようとも、再び同じ港に舞い戻ることはないのではなかろうか。

以下では、この大西洋史の視座にも導かれ、近世大西洋世界のダイナミズムを三つの相に腑分けして考察してゆきたい。近世の大西洋を縦横に往来した、ヒト・モノ・カネ、である。むろんわれわれが焦点を定める英領北米植民地は、イギリス第一帝国の主要な構成要素であるから、その枠組みのなかで機能した近世大西洋世界の構図を明らかにすることが課題となる。

2　イギリス第一帝国の人的システム――ヒト

英領北米植民地への人口移動

まずはヒトの視座から、イギリス第一帝国内における北米植民地の位置を見定めてみよう。植民地の場合、入植者なくしては、そもそもあらゆるメカニズムが始動しないからである。

ニューイングランドのピューリタン移民のイメージは広く流布しているが、彼らは基本的に「自由移民」に分類される。宗教的要因や経済的要因などにより、自由な身分でアメリカに移住した人々である。旧世界からの白人の移民は、この自由移民、そして「年季契約奉公人《インデンチャード・サーヴァント》」、「流刑囚」の三種類に大別され、表2-1にあるように、植民地時代を通じて一三植民地へ渡った自由移民の割合は、移民総数のおよそ四六％と推計されている。

これに対して年季契約奉公人とは、高額な渡航費を支弁してもらう代わりに四年程度の強制労働に従事した不自由移民で、主として南部・中部植民地に入植し、全体の約四二％を占める（一七世紀のメリーランド植民地では七割程度）。さらに同じ不自由移民たる流刑囚や黒人奴隷などの数値を含めると、大西洋を渡った人々の多くは、何らかの形で自由を束縛されていたといっても過言ではない。

年季契約奉公人はおもに下層民出身、二〇代前半の独身男性で、本国で多くの若者が経験した住込みの奉公人制度の延長線上に位置づけられる。「全般的危機」にあった一七世紀前半のイギリスでは大量の失業が発生し、故郷で職にあぶれた下層の若者が大都市に流入、その国内移動の延長として海外渡航を決意して年季契約を結んだ――正式な契約を結ばない場合もある――のであって、家族単位で計画的に移住した「ピューリタン大移住」などとは決定的に異なる移民形態といえる。

また貧困から重罪《フェロニー》を犯した者は、流刑囚としてアメリカ植民地へ送られ、七年ないし一四年間、年季契約奉公人と同等の強制労働に従事した。彼ら「強制された」年季契約奉公人たる流刑囚は、犯罪という回路を経由してはいるものの、そのプロフィールは「任意の」年季契約奉公人と共通する部分が多い。

つまり総じて年季契約奉公人制度とは、イギリス帝国の中核たる本国から、社会問題を引き起こしがちな下層民・犯罪者などの余剰人口を排除・棄民し、帝国の周縁へ植民させることによって、その地の労働力需要をも同時に満たすという、大西洋約五〇〇〇キロを介した人口再配置の壮大なシステムに他ならなかった。英帝国にビルトインされたこの人的スタビライザーによって、帝国の中核に社

表 2-1　13 植民地への移民数の推計(1607–1775 年)

	人数	%
自由移民	217,900	46.1
年季契約奉公人	200,200	42.4
流刑囚	54,500	11.5
計	472,600	100.0
黒人奴隷	311,600	—

会的安定が保証され、同時に植民地に経済的発展が約束されたのである（一八世紀には、ドイツなどからも同様の不自由移民が流入した）。

　彼ら奉公人の年季期間中の実態については楽観、悲観双方の主張があり、一様には断じにくい。法廷で諸権利が保護されていることから、本国での悪評ほどひどくはなかったといえよう。彼らは年季が明けると、

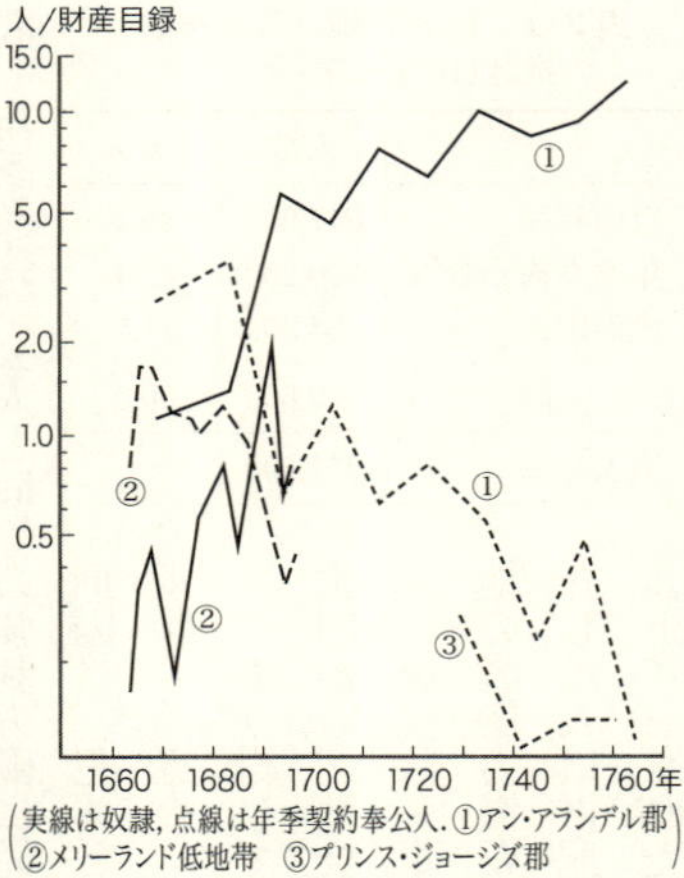

図 **2–1**　メリーランド植民地における強制労働力所有数

一定の解放給付を得てプランター（農園主）へ上昇する例も見られたが、たとえばメリーランド植民地では一六八〇年代頃から社会的上昇の機会が縮小へと向かい、必ずしも移民を引き付ける「プル要因」が機能しなくなる。一方で、本国でも諸状況の好転から移民を押し出す「プッシュ要因」が鈍化したため、白人奉公人の流入は減少した。

　このようなプッシュ・プルによる説明は古典的ではあるが、多角的なヒトの移動を二点間に焦点を絞って考察する際には依然として有効であろう。白人の年季契約奉公人の減少に直面したプランターたちは、代替労働力として黒人奴隷に注目し、一七世紀末からその大量導入を開

始する。かくして図2-1にあるように、南部プランテーションの強制労働力は、白人奉公人から黒人奴隷へと大きくシフトするのである。

人口動態と家族形態

このように植民地はそもそもヒトの移動によって生成される社会であり、人口はその発展を見定める最も重要な視角となりうる。いわゆる「人口学的方程式」によれば、人口の増減は自然増（出生－死亡）と社会増（流入－流出）の二つの要因によって制御される。ここでもっぱら「白人」による植民地建設に焦点を絞って解釈するならば、社会増、すなわち移民の流入にのみ依存するのではなく、自然増による人口成長が可能になって初めて、本国から自立した独自の社会の発展が保証される。

すなわち、移民の流入が停止すると遠からず人口減少が生じるような不安定な「辺境《フロンティア・》入植地《セツルメント》」から、自然増が可能で人口学的に安定した植民地生まれ《ネイティヴ》の「植民地社会《プロヴィンシャル・ソサエティ》」へと「人口転換」を果たすのであって、これまでの研究で、そのメカニズムや地域的偏差の解明が進んだ。むろんそこには自然環境や家族形態など、さまざまな要素が関与しており、移民の多い「辺境入植地」では、①短命、②男性が多い、③晩婚、④子どもの数が少ない、⑤自然増が困難、などの特徴がみられ、植民地生まれを多く擁する「植民地社会」では、①長命、②性比のバランスがとれている、③早婚、④子どもの数が多い、⑤自然増が可能、となる。その実相を地域ごとに概観してみよう。

前述したように、単身の男性が年季契約奉公人として多く入植した南部植民地では、とりわけ低地帯で高い気温と湿度によって不衛生な環境がもたらされ、しばしばマラリアなどの疫病が蔓延した。そもそも移民たちは入植当初、新大陸の風土への順化《シーズニング》に悩まされ、新世界到着後一年以内の死亡率は、少なくとも一七世紀には三割以上と推計されている。これは、乳幼児期に免疫を獲得した植民地生まれの人々が、移民よりも長命であった理由の一つといえる。

このように死亡率の高い環境にあった南部植民地では、奉公人の年季の長さも一因となって晩婚傾向にあり、一家族当たりの子ども数は平均三人程度であった。ただし孤児が「孤児裁判所」で社会的に救済されたり、寡婦が再婚によって家族に再編成されることはきわめて一般的で、異父母兄弟などを含む「拡大家族」が家族形態の典型となった。一方、全体の人口で見れば性比は男性に著しく偏り、生涯独身で過ごす男性は四人に一人程度もいたのである。

だがこのような種々の人口動態上のアンバランスはしだいに改善され、「人口転換」が生じることになる。メリーランドのデータによれば、同植民地の人口転換は一六八〇年代頃から植民地生まれの第一世代を核として始動し、一七二〇年代頃にはひととおりの完成をみたのであって、以降、相対的に長い平均余命と自然増に支えられて――もちろん移民は流入しつづけるが――連鎖反応的に人口規模の拡大が引き起こされるのである。

さらに奴隷を導入できた家庭では、畑仕事から解放された妻がもっぱら家庭内労働――これも当時、過酷な労働であったが――を担当し、夫がプランテーション経営を担うという性別役割分業が進行し、また子どもに対しても、日記などの史料に愛情表現が多くみられる一方で父権が強化され、南部的な家父長主義的家族が形成されてゆくことになる。

他方、家族単位での移住が多かったニューイングランド植民地では、寒冷な気候ゆえに死亡率が相対的に低く、平均の子ども数は七人程度で、これは当時の西欧諸国を見渡しても、かなり大きな数値といえる。つまりここでは当初から、安定した自然増の条件がある程度備わっていたのである。家族形態は核家族的構成が一般的で、家庭内は宗教的裏づけのもと、もっぱら年齢を基準としてさまざまな秩序づけがなされ、植民地当局が介入する場合もあった。しかし世代を経るにつれて正規の教会員資格が曖昧となり、共同体的規範はしだいに崩れてゆくことになる。

中部植民地の自然環境は、ニューイングランドと南部の文字どおり中間的な状況にあり、そこでの家族のあり方も、両地域の中間的な色彩を帯びていた。平均の子ども数は五人程度だが、クエーカー教徒のあいだでは絆としての愛情が強調された。また婚外子出生率など、性的規範からの逸脱を示す指標は、他地域と比べてかなり低かったことが知られている。

黒人奴隷制の確立と労働力転換

さて、このような「白人」とは異なり、きわめて過酷な強制労働に従事した黒人奴隷については、すでに西インド諸島などでその導入が進んでいたが、異人種への嫌悪感・恐怖心などもあって、北米では当初、年季契約奉公人の減少を補うためにのみ、不熟練労働力として利用された。購入コストも奉公人より三倍以上高かったことから、富を集積した沿岸部の大プランターらがイニシアティヴをとって大量導入に踏み切り、白人奉公人から黒人奴隷への労働力転換が進行した。黄熱病・マラリアなどの伝染病に一定の耐性や免疫を有していたことも、黒人が奴隷として用いられた要因の一つとされる。一七二〇年代以降になると、黒人の自然増や技術習得などもあって、熟練労働にも奴隷が用いられるようになり、プランターにとって奴隷投資の収益率は上昇した。

そもそも奴隷制度自体は古代以来、普遍的な歴史事象と見ることができるが、近世大西洋世界で展開した黒人奴隷制は、特定の人種をもっぱら奴隷に位置づける人種奴隷制であった点が特徴といえる。とりわけ北米では、黒人の血が混じっていれば黒人とされるという原則――その血の割合や容姿によっては白人とみなされる場合もあったが――、すなわち白人・黒人の二分法的理解が広く受け入れられてゆくことになる。そして奴隷を牛馬などと同じ動産とする法的な奴隷制の確立が、黒人奴隷の大量導入を可能にしたのである。

前章で述べたように、最初期には年季契約奉公人として扱われた黒人も、やがて人種的・宗教的要因などが取捨選択されながら、種々の判例と法律の制定を経て、終身の年季を規定された永代の(一代限りでない)不自由身分、すなわち奴隷身分が法的に分化・形成されてゆく。

ヴァージニア植民地で間接的ながら初めて黒人の終身年季に法的承認を与えたとされるのが、一六六二年のヴァージニア議会制定法第一〇二号で、「年季の追加によって〔逃亡の罪を〕贖《あがな》いえない黒人」の文言が見える。その後、奴隷の輪郭をより明確に定めるべく、いくつもの法律が矢継ぎばやに制定される。同年には、「生まれた子どもが不自由身分なのか、自由身分なのかの判断は、母親の身分にのみ基づいてなされる」として、本国の法体系とは異質の母系制の原理を持ち込んでまで、白人の血の純潔性を確保するとともに、白人男性による黒人女性の性的搾取を暗黙裏に正当化した。また一六六七年の法律では、「洗礼の授与の有無は、不自由身分、自由身分の別に何ら影響を及ぼすものではない」と定め、従来、奴隷身分をもたらす最大の根拠の一つとされていた異教性を法的に完全に排除して、差別の論理として人種要因のみを間接的に選択したのである。

そして強制労働力に関するこれらヴァージニア植民地の法律群は一七〇五年、「奉公人・奴隷法」に集大成される。全部で四一条からなるこの法律は、過去の関連法を整理・統合したものであり、ここに同植民地の人種奴隷制は法的な完成をみたのである。

ただし、この人種奴隷制という桎梏《しっこく》に主体的に抗った黒人たちもいた。その姿は、たとえば当時の新聞に掲載された逃亡奴隷広告から一端をうかがい知ることができる（図2–2）。集団奴隷反乱が少なかった北米大陸では、サボタージュなどの日々の抵抗に加えて、逃亡こそが奴隷たちの積極的な抵抗の形態であった。逃亡広告はむろん支配者側の生み出した史料ではあるが、そこに含まれる豊富な情報によって、むしろその支配システムに立ち向かった被支配者たる奴隷たちの生の痕跡を浮き彫りにするのである。

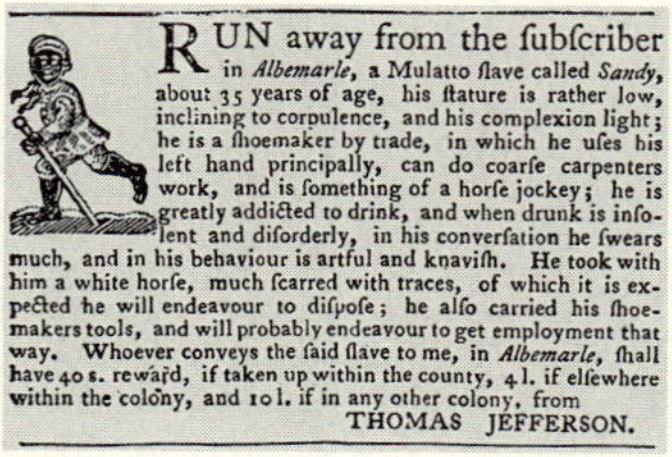
RUN away from the ſubſcriber in *Albemarle*, a Mulatto ſlave called *Sandy*, about 35 years of age, his ſtature is rather low, inclining to corpulence, and his complexion light; he is a ſhoemaker by trade, in which he uſes his left hand principally, can do coarſe carpenters work, and is ſomething of a horſe jockey; he is greatly addicted to drink, and when drunk is inſolent and diſorderly, in his converſation he ſwears much, and in his behaviour is artful and knaviſh. He took with him a white horſe, much ſcarred with traces, of which it is expected he will endeavour to diſpoſe; he alſo carried his ſhoemakers tools, and will probably endeavour to get employment that way. Whoever conveys the ſaid ſlave to me, in *Albemarle*, ſhall have 40 s. reward, if taken up within the county, 4 l. if elſewhere within the colony, and 10 l. if in any other colony, from
THOMAS JEFFERSON.

図2–2 『ヴァージニア・ガゼット』紙（1769年9月14日）にトマス・ジェファソンが出した逃亡奴隷広告．ジェファソンは4年後に，この靴職人の奴隷を売却している

三人種の遭遇

こうしてイギリス第一帝国の内外から白人と黒人の労働力が移植される一方で、先住民の排除（「清掃《クリアランス》」）が進行した。先住民は黒人と同様、帝国の外部に位置づけられ、その人的損失は帝国にとって負担とは見なされなかったのである。

伝染病とならぶ先住民「清掃」の手段として、第一章でも述べた戦争を挙げることができる。新世界の征服が生み出した野蛮によって、この地ではいわば暴力が合法的に抑制を解かれて、ヨーロッパ内の戦争とはまったく性格を異にする戦い、すなわちジェノサイドがもたらされた。

とりわけ火器の導入によって破壊力が増し、直接、白人が先住民と戦火を交える場合だけでなく、先住民の部族間対立を助長することによって、先住民による先住民の「清掃」政策が遂行された。この火器は、同様にヨーロッパから持ち込まれた酒類——アルコール度数の高い蒸留酒など——とともに先住民に非常に好まれたことから、これらと交換するために先住民どうしで先住民の奴隷狩りがおこなわれたり、また、ヨーロッパで需要が大きかったビーバーなどの毛皮の乱獲が生じた。そのため生態系のバランスが崩され、飲酒による生活様式の激変もあって、総体的な先住民文化の破壊へと帰結したのである。

一方、白人の入植者には、「自由《フリー》」かつ「ただの(無料の)《フリー》」広大な土地が開放された。彼らは「発見」された土地はすべて国王のものであり、占有・定住によって所有権が発生するとしてその収奪を正当化したが、これは先住民の土地に対する観念——排他的な所有ではなく、必要な範囲を利用する——とは全く相容れない論理であった。

かくして北米大陸において、三人種は不幸なかたちで遭遇した。先住民を「清掃」した「フリーランド(自由な土地・ただの土地)」に、本国(そして他のヨーロッパ諸国)の余剰人口が植え付けられ、不足する労働力を補うために黒人がアフリカから収奪され、強制的に植民される。この人的システムによって、中核の諸問題は帝国の周縁部、さらに外部へと転嫁され、先住民と黒人は莫大な血のコストの負担を余儀なくされたのである。

近世大西洋世界を駆動させたこの忌まわしいメカニズム——黒人奴隷制と先住民の抑圧——は、罪深きカインの刻印となった。先住民や黒人が、混血《カスタ》の人々とともにともかくも社会のなかに位置づけられたラテンアメリカとは異なり、イギリス人が北米に築き上げた社会は、彼らを排除したうえで、白人の共和主義・民主主義を追求してゆくことになる。

3　重商主義体制と生活水準——モノ

航海法体制の確立

本国を中核とするシステムに、その主要な構成要素として組み込まれた英領北米植民地。この地が本国や他地域と取り結んだ関係は、これまで述べてきた人的な側面——ヒト——と、さらに経済的な側面——モノ・カネ——に大別できる。ここでは後者、とりわけモノについて見てゆこう。

近世においてイギリス第一帝国内の本国と植民地との経済的な関係は、一連の航海法や関連

表 2-2　航海法および関連諸法

①航海に関する規制		1651年航海法(クロムウェルの航海法) 1660年航海法(海上憲章)
②植民地貿易に関する規制	輸出	1660年航海法，1673年航海法(修正法) 造船資材法(1705年)
	輸入	1663年航海法(市場法)，糖蜜法(1733年)
③植民地産業に関する規制	禁止	羊毛品法(1699年)，帽子法(1732年)，鉄法(1750年)
	奨励	造船資材法

の諸法律によって規定されており、「航海法体制」と呼ばれる重商主義体制が打ち立てられていた。その内容を簡潔にまとめたのが表2-2である。

表中の①にあるように、まず航海そのものに関しては、外国商人とりわけオランダ商人の介入を排するために、一六六〇年航海法などによって帝国内の貿易は原則として自国船(植民地内で建造されたものも含む)によることと定められた。

次に②の植民地貿易については、タバコ、砂糖、インディゴ、造船資材など、軍事上、また生活上重要な植民地産物が「列挙品目」に指定され、帝国外への直接の輸出が禁じられるとともに、植民地間での取引も、本国の関税に相当する植民地輸出税が課せられた。一方、植民地がヨーロッパの産物・商品を輸入する際には、本国の税関を経ることが義務付けられ、さらに外国産の列挙品目の輸入には禁止的な関税がかけられて、砂糖などは強固な保護市場が形成されたのである。

③の植民地産業についても規制が加えられ、本国の重要な製造

業と競合する恐れのあるものは禁止され、逆に造船資材など、外国にある程度依存せざるをえなかった重要産物は帝国内でまかなえるよう、助成金などの手段で生産が奨励された。たとえばイギリス本国では当時、木材資源の枯渇が進行し、木から採れるピッチやタールなど、防水・防腐用の船用需品のみならず、木材そのものも外国、とりわけ北欧から輸入せざるをえなかった。これら造船資材は軍事上・経済上の最重要物資であり、その供給を帝国内の植民地、たとえばノースカロライナなどに切り替えようとしたのである。

このようにして築き上げられた航海法体制は、本国を核とし、外国の介入を排した一種の「閉鎖系《クローズド・システム》」であり、あくまでも本国の利害に沿ったかたちで植民地との共存共栄がはかられた。むろん閉鎖系とはいえ、このシステムは人の移動の自由までをも規制するものではなく、経済的な側面に限られたものであって、その意味ではいわゆる鎖国とは大いに性格を異にする仕組みであった。さらに植民地側では、これらの諸規定を必ずしも順守せず、密貿易を盛んにおこなった。密輸を見逃す見返りに税関吏に支払う賄賂の標準額を記したマニュアルが印刷されていた地域もあり、賄賂は役人にとっていわば給与の一部をなしていたともいえる。

ただし、密貿易によって獲得された外貨が本国製品の購入を可能にしていたこともあって、約五〇〇〇キロかなたの本国側も厳格に対処することなく——物理的にも対処は困難だったが——独立革命前夜まで「有益なる怠慢」と呼ばれる状態が続くことになる。航海法体制の実相にビルトインされたこのしなやかな「装置」によって、植民地・本国の双方に配慮したかたちでの経済的発展がもたらされたのであって、のちに本国側が一方的にこの「有益なる怠慢」を見直そうとしたとき、バランスは崩れ、革命が勃発することになる。

三角貿易の展開

この航海法体制のもとで展開した当時の貿易ルートを、英領北米植民地を中心に示したのが図2-3である。大西洋をはさみ、英帝国の外部世界をも包含する巨大な貿易網の存在が浮かび上がる。植民地船(植民地人がおもな船主となっている船)のなかでも大型のものは、いわゆる「三角貿易」を構成するいくつかの三角形——一三植民地・アフリカ・西インド諸島を結ぶルート、一三植民地・南欧・西インド諸島を結ぶルートなど——を航海し、とりわけアフリカを組み込んだルートに投入されたのは、ロードアイランド商人などが出資し、専用に艤装された奴隷船であった。

アフリカと新世界を結ぶそのルート、「中間航路《ミドル・パッセージ》」は残酷さで悪名をとどろかせており、アフリカ西岸で集められた奴隷たち——アシャンティ王国などでは黒人自らが黒人をとらえて奴隷として売りさばいた——は衣服をはぎ取られ、ヒトではなく単なるモノ＝「黒い積荷」として船に詰め込まれて鎖につながれ、きわめて不衛生な環境下で過酷な旅を強要された。自殺者

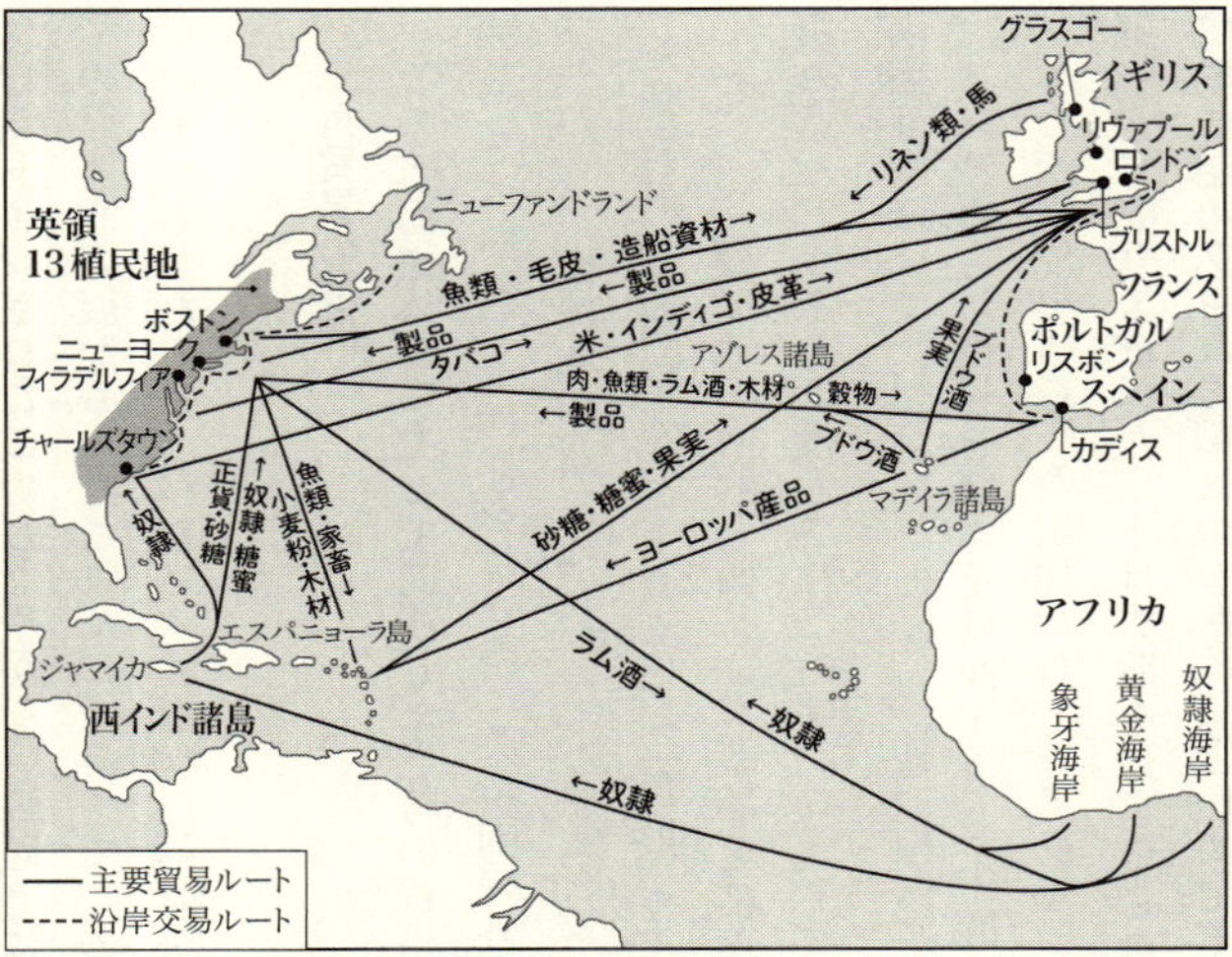

図2-3　近世大西洋貿易ルート

も含めて死亡率は高く、不要となれば大西洋に「投棄」された。むろん本国船（本国商人がおもな船主となっている船）も、本国・アフリカ・西インド諸島などを回る三角貿易に携わっており、奴隷貿易はハイリスク・ハイリターンの「ビジネス」であった（その蓄積された富は本国で港町のブリストルやリヴァプールを潤し、後者の後背地に「コットン・ポリス」マンチェスターを勃興させることになる）。

ただし、ボストン港の船舶史料を精査した笠井俊和氏の研究によれば、多くの小型の植民地船や、もっぱら北米植民地との貿易に従事した本国船などは、二点間のみを結ぶシャトル貿易に特化しており、たとえば植民地船はジャマイカの港町ポートロイヤルとボストン港とのあいだを往来した。これらのルートは互いに連結して強固なネットワークを形成し、そこにはモノとともにさまざまな情報も流れ、とりわけ不確実性の高い海外貿易では商人間の人的紐帯が重要視された（私信での情報伝達では、送っても必ずしも相手方に届くとはかぎらないため、重要な書簡の場合は必ずレターブックに控えをとって、同内容のものを複数送付することもあった）。

ネットワークの主要な三角の頂点のうち二つには、一三植民地と西インド諸島が位置し、イギリスの大規模な植民地貿易の展開、すなわち「イギリス商業革命」において、これらの植民地が果たした重要な役割がうかがえる。そしてその主要産物の中でとりわけ注目されるのが、国際商品・世界商品たる砂糖とタバコである。

もっとも同じ国際商品とはいえ、砂糖を産した西インド諸島の植民地と、タバコを産した北米の南部植民地とでは、英帝国内での位置づけは異なっていた。西インド植民地では地主・プランターが本国に居を構えて不在化し、砂糖プランテーションからもたらされる莫大な富を吸い上げた彼らの贅沢ぶりは多くの耳目を集めるほどであったが、南部植民地ではそのような不在化は生じず、社会的にも人口的にも自律化へと向かった。また、タバコは本国からの再輸出を通じて国際競争力を有したが、砂糖は仏領西インド産に価格面で劣り、帝国の保護市場を必要とした。このような両者の差異は、やがて両地域のその後の運命を大きく変えてゆくことになる。

一方、イギリスのライバル、フランスも、同様の重商主義体制を構築し、大西洋を股にかけてネットワークを構築していた。ヨーロッパにおける両国の衝突は新大陸の情勢とも連動し、植民地を巻き込んで、四度にわたって大きな戦争が引き起こされるのである。たとえば、ヨーロッパにおけるスペイン継承戦争では、北米植民地でアン女王戦争(一七〇二―一三年)、オーストリア継承戦争ではジョージ王戦争(一七四四―四八年)、七年戦争ではフレンチ・インディアン戦争(一七五四―六三年)が並行して戦われた。このように英仏の対立は、後世の歴史家が第二次百年戦争と名づけた状況を新旧両世界にもたらしたのである。

生活水準と消費革命

大西洋貿易の活発な展開は、英領北米植民地のイギリス化を促し、植民地の人々の日常生活にも大きな影響を及ぼした。当時の生活水準、すなわち広い意味での衣食住を正確に把握するために、近年の研究ではとりわけ消費のあり方を重視し、消費財の所有状況を調べることで、その水準の測定が試みられている。その際、主として用いられる史料が財産目録《インヴェントリ》である。

そもそも財産・遺産を目録の形ですべて書き記すという営為は、いわゆる西洋史上、かなり普遍的に見られる現象であるが、この一見、雑多なモノとその数量・価格の羅列のごとき様相を呈する史料も注意深く扱うならば、あたかも当時の人々の日常生活を特定時点――死亡時など――ですべて凍結し、その生活水準を提示するタイムカプセルとなりうる。

ただし財産目録は、多くが遺産目録として作成されたことから統計上、種々のバイアスを有しており、マクロな時系列データを導出する際にはその調整作業が不可欠となるが、同史料を用いて植民地時代の経済成長や富の分配状況といったマクロ指標を推計する研究が急速に進展した。また同史料はミクロな生活世界を再現する際にもきわめて有用であり、衣服などさまざまな日常のモノを通じて、当時の生活の具体相に迫ることができる。

南部植民地を対象とした研究によれば、一七世紀の消費水準は、前述のごとく「単純化」された社会ゆえに本国と比べて概して低く、植民地内でも北部のニューイングランドより若干低めであった（ただし北米植民地全般の食料事情は、栄養学的に見れば本国をしのいでいた可能性がある）。しかし一八世紀までに質・量ともに急激な変化・上昇、すなわち「消費革命」が、社会の下層をも巻き込んで進行したとされる。ニューイングランドについても、若干遅めながら、ほぼ同時期の展開が確認されている。

この消費革命の進行のメカニズムは、上層の人々――たとえば南部では大プランター――が帝国のメトロポリスたるロンドンからさまざまな消費財・消費様式を導入し、それがいわゆる「社会的競争」によってさらに下層の人々にまねられ、やがて社会層の底辺にまで浸透するというもので、帝国の中心から植民地へ伝播し、次いで植民地内部で上層から下層へと伝わる仕組みが見出せる。

具体例としては、たとえば食生活における喫茶の習慣、砂糖の消費、フォークの使用、住居におけるジョージ王朝様式の導入、衣服における本国や大陸のモードなど、およそ衣食住すべてにわたる変化が含まれる。そしてこれらの変化を可能にした商品は本国から、もしくは本国を経由して植民地にもたらされ、関連する情報も同様にして発信されたため、消費様式・生活様式において本国と類似した社会、すなわち社会の「複雑化」、イギリス化が進行したのである。

一例として、本国・植民地の男性の衣服について見てみよう。というのも男性の衣服は当時、女性と比べてはるかに大きな変化を経験したからである。一六世紀にはすでに、タイツ型だったホウズがストッキング部分と分離してツーピース化しており、上着はダブレット、首周りにはひだ襟を着用していたが(図1-5参照)、一七世紀に入るとしだいにひだ襟はすたれて垂れ襟(大型で平らな折返し襟)が一般的となり、一六三〇年代には下肢には膨らんだトランクホウズに替えて、ゆったりとしたブリッチズ(キュロット)を穿くようになった。

さらに一六八〇年代に至ると、いわゆる三つぞろいの原型たるコート(襟のない上着)、ウェストコート(ベスト)、ブリッチズが完成する。かつらの着用や、やがて三角帽の使用も広まり、ひげはきれいに剃られるようになった(図2-4参照)。それに応じて嗅ぎタバコも流行する。そして一八世紀の中葉に向かうにつれ、コートはよりスリムに、ウェストコートはより短く、ブリッチズはよりタイトに、かつらはより短く、軽やかに変化した(図3-7参照)。バロック調からロココ調への移行である(ただし、植民地では渋めの色味が好まれたといわれる)。さらにかつらには小麦粉などからなるパウダーが振りかけられた。

このような服装の型を通じて当時のマナーが身体に強要された結果、当時の人々の体形が今日のアメリカ人とかなり異なっていた事実も明らかにされている。また一七―一八世紀には全身入浴の習慣が失われていた――水が毛穴から浸透し、身体を害すると考えられた――ため、ウェストコートの下に着用する真っ白なシャツは、清潔さを表現する最良の手段とされたのである。

図2-4 『上品な所作の初歩』(1737年)に描かれたお辞儀の姿勢．かつらは長く，右手には三角帽を持っている

これら衣食住にわたるさまざまな消費財はしばしばステイタスシンボルとして機能し、日常生活のなかで階層差のシグナルを発したことから、経済力に基づく――これまでの身分制秩序ではなく――新たな階層

区分を生み出す要因ともなった。こうして一八世紀半ばまでに「消費社会」が英領北米植民地に出現し、各植民地と本国とは日常の消費活動を通じてより強く結ばれ、イギリス第一帝国は「財の帝国」として緊密な紐帯を誇った。そして需要を喚起されたこの巨大な消費市場の形成は、来るべき本国の工業化(産業革命)の前提ともなったのである。

4 貨幣が語る近世大西洋世界——カネ

国境を越える貨幣

本節ではモノと並ぶいま一つの経済的側面たるカネの視座から、近世大西洋世界の具体相を描き出したい。管理通貨制度下の今日と異なり、当時、モノとしての硬貨自体に国境はなかったため、あたかも血液のごとく近世大西洋世界を循環したカネはきわめて重要な存在であり、その通用の様相を知ることは、当該世界を統べる原理の一つを見出すことに他ならない。

この問題を考える際、興味深い事例を提供してくれるのが文芸作品である。たとえばロバート・L・スティーヴンソンの有名な『宝島』(一八八三年)では周知のごとく、海賊の宝を描いたシーン等に多くの金銀貨が出てくる(ただし、実際に海賊が宝を埋めることは、ほとんどなかったらしい)。ジム・ホーキンズ少年は言う。「スペインのダブルーン、フランスのルイ、イギリスの

図 2-5　近世大西洋世界の金貨の例．左から，半エスクード（葡），1 ダカット（蘭），1 ルイドール（仏），1 ギニー（英），4 エスクード（ブラジル），8 エスクード（ボリビア）

ギニー、スペインの八レアル銀貨などのほか、ぼくの知らないさまざまのやつが、ごったまぜになっているのだ」。また、海賊ジョン・シルバーのオウムは、「たいへんな早口で、「八レアル銀貨《ピース・オブ・エイト》！ 八レアル銀貨！ 八レアル銀貨！」と、聞く者が心配になるほど息を切らさんばかりに叫ぶ」（田中西二郎訳）。

この小説が書かれたのは一九世紀末だが、作中年代は一八世紀であり、スペインのダブルーン（ダブロン、八エスクード）金貨、八レアル銀貨、フランスのルイ金貨、イギリスのギニー金貨など、近世大西洋世界で通用した金銀貨が登場するのである（図2-5は当時通用した金貨の実物）。

これらの硬貨に刻み込まれるラテン語の銘文には、ヨーロッパ各国に共通する一定のパターンが見出される。すなわち、まず君主名、次いでD・Gの語、そして統治を主張する国の名を属格で刻むのである。D・Gとは「デイ・グラティア」の略で、「神の恩寵により」の意である。

中世初期にこの自称形式が作り出されて以降、今日に至るまで、貨

図2-6　18世紀の8レアル銀貨．（左）グアテマラで造幣（径 3.9 cm）（右）リマで造幣，英国王のカウンター・マーク入り（径 4.0 cm）

幣に限らず、さまざまな文書に登場するこの定型文の様式に注目すると、各王朝の君主たちが、どの国の王を自任していたのかが明瞭にわかる。たとえばテューダー朝最後の君主エリザベス一世は、イングランド、フランス、アイルランドの女王を名乗ったが、スコットランドからイングランドに乗り込み、同君連合の王としてステュアート朝を創始したジェイムズ一世は、当初イングランド、スコットランド、フランス、アイルランドの王、そしてすぐに大ブリテン、フランス、アイルランドの王を自任した。ただしイングランドとスコットランドが正式に合同するのはアン女王の統治期であり、それは紋章の変化に如実に表れている。

また、前述の『宝島』でオウムが叫ぶ八レアル銀貨はきわめて有名なスペイン硬貨の名称である。英領北米植民地でも広く通用してスペインドルとも呼ばれ、文字どおり近世大西洋世界を代表する銀貨といってよい。

八レアル銀貨（およびその補助貨幣）は図2-6のように時代によって意匠に変遷が認められるが（左は柱《ピラー》タイプ、右は表面に国王の肖像を刻印した肖像タイプ）、今日、スペイン国旗の紋章にも見られるこの二本のピラー＝「ヘラクレスの柱」は、地中海から大西洋への出口、ジブラルタル海峡東端に位置するヨーロッパ・アフリカ両岸の岬を意味するとされ、海峡のはるか彼方にある新大陸の植民地とスペイン本国の「双方は一つ《ウトラクエ・ウヌム》」との銘文を硬貨は刻んでいる。また、硬貨のヘラクレスの柱には若干省略された形で「さらに先へ《プルス・ウルトラ》」の語が掲げられており、これはむろん、柱に記されていたとされる警句、「これより先はない《ネ・プルス・ウルトラ》」から否定辞を外したものに他ならない。柱の彼方の新世界をも支配下に置くスペイン王の権勢を反映した文句といえる。そしてポトシやメキシコシティなど、新大陸各地のスペイン領植民地で造幣されていたことが、造幣所を示すモノグラム（組み合わせ文字）の刻印からわかる。

自国の硬貨以上に、このように他国の硬貨たる八レアル銀貨が広く用いられていた状況は、のちに第三代大統領となるトマス・ジェファソンが著した著作、『ヴァージニア覚え書』（一七八一―八二年執筆）からもうかがえる。同書はさまざまな質問に対して回答するという形式で記されており、当時ヴァージニアで通用していた貨幣を問う「質問二一」に対しては、一覧表の形で答えている。各造幣所の八レアル銀貨のほか、多くの外国の金銀貨がそのリストには含まれており、それらの評価の変化も、一八世紀初頭にまでさかのぼって簡潔に記載している。

硬貨不足と硬貨以外の決済手段

モノとしての硬貨が当時、自由に国境を越えていたとはいえ、本国の硬貨の存在にもかかわらず、なぜ英領植民地では多種多様な他国の金銀貨を使わなければならなかったのだろうか。この問いは、なぜ自国の金銀貨が不足していたのかという問いに置換できる。

そもそも硬貨不足の第一の要因としては、金銀が当地で発見されなかったという、根本的な事実が挙げられよう。つまりスペイン領植民地では貴金属が豊富に見つかったのに対し、英領北米植民地では見つからなかったのである。トマス・ペインも『コモン・センス』の中で、「金や銀が出ないおかげで、アメリカに侵入する者もいない」(小松春雄訳)と述べている。新たに合衆国の領土となったカリフォルニアで金が発見されるのは、むろんはるか後のことである。

硬貨不足の理由の二つめとしては、本国が植民地で金銀貨の造幣を禁じたことが指摘できる。すなわち、そもそも貴金属を産しない上に、既存の金銀貨の再鋳造による造幣も禁じられていたのである(ただし後述するように、本国でピューリタン革命が起こった際に、ボストンで一時的に造幣が可能となる事態が生じた)。

さらに理由の三つめとして、本国が自国の金銀貨、とりわけ銀貨の植民地への輸出を規制していたという事情がある。これは前述の航海法体制下の植民地統制の一環であり、むろん上述の硬貨造幣禁止も含まれる。本国は、植民地が正貨を手にして他国と自由に貿易することを妨げようとしたと解することができる。そもそも当時、当のイギリス本国自体も銀貨不足に陥っていた。たとえば一八世紀末にはスペインから八レアル銀貨を輸入して、スペイン国王の肖像の上に当時の英国王ジョージ三世の像を加刻し、法貨に転用してイギリス国内で通用させることまでおこなっている(図2-6右の中心部)。

さらに英領植民地における硬貨不足の理由の四つめとして、対本国の貿易収支が全体として入超基調——とりわけ一八世紀半ば以降——だったことが挙げられよう。そもそも乏しい植民地の金銀貨は、本国との貿易を通じて本国に吸収されていったのである。

それでは当時、硬貨以外に決済手段はなかったのだろうか。限定的な形だが、むろん存在はした。植民の最初期にはバーター取引のごとき形態があったし、先住民が用いていたウォンパム(貝殻の数珠)も、入植者たちによって一七世紀半ばぐらいまで正式な貨幣として使われ——「単純化」の一例——、ニューヨークなど一部地域では、一八世紀初頭まで小額貨幣として残存していたとされる。また、商品そのものを貨幣として扱う商品貨幣も用いられ、トウモロコシ、小麦、タバコなどの農産物、さらにビーバーの毛皮などがその対象となった。

われわれにとって最も馴染み深いのは、むろん紙幣であろう。紙幣は一七世紀末くらいから植民地で展開し、一七六四年に本国によって規制されるが、主として四種類に分類できる。商品証券、信用証券、土地銀行券、為替手形である。

商品証券は、先の商品貨幣をいわば証券化・紙幣化したもので、現物を取り扱う不便さを取り除いたものといえる。たとえば、倉庫に収められたタバコの検査票が裏書譲渡され、「タバコノート」として流通するといった類《たぐい》で、この場合、タバコを裏づけとした事実上のタバコ兌換紙幣となる。信用証券は一般的ないわゆる紙幣（ただし銀行券ではなく政府紙幣）に相当するが、これには当然ながら植民地政府の税収による裏づけがある。一方、担保に取った土地が裏づけとなるのが土地銀行券である。

しかしながら特定のコミュニティ内であれば、最も簡潔な決済手段は相互の帳簿上のやり繰り、もしくは記憶上のやり繰りなどの信用にもとづく方法であろう。だがこれは空間と時間において、きわめて限定的な手段に過ぎない。このように、硬貨の代替決済手段はいずれも何らかの形で限定的なものであって、グローバルな地域間の決済手段たりうる金銀貨（また地域内の決済手段としての銅貨）の需要、必要性は一貫して高かったといえよう。

硬貨を植民地内に留める方策①——硬貨の価値を高める

それでは、新世界の英領植民地はどのようにして外国の硬貨を引きつけ、植民地内に留めようとしたのだろうか。これには方向の異なる二種の方策があった。

まず一つめは、硬貨の価値を高く評価する策である。すでに掲げた硬貨の図版からもわかるように、実のところ当時の硬貨には、あたかもメダルのごとく、額面価格の表記のないものが多く存在する。それ自体に固有の価値を有さない今日の硬貨の場合、額面の刻印は必須ともいえるが、イギリスのコインなどは時代がかなり下っても、額面の刻印がないものがある。つまり当時の硬貨の価値の判断は、そもそもが用いる者の自己責任なのである。ただしスペインの硬貨などは例外で、金銀貨とも非常に体系的に額面の刻印がなされている。またイギリスでも、小額の銀貨には額面が刻印されている。しかし刻印があってもなくても、いずれの場合も自由に、硬貨の価値を評価できることに変わりはない。金銀貨は量目・品位がさまざまとはいえ、金銀そのものだからである。

そのため各英領植民地は、市場と同調する形で硬貨の高値政策を採用し、各国の金銀貨(もちろん本国のものも含む)を吸収し、植民地内に留めようとした。アメリカ独立宣言が出された一七七六年に上梓されたアダム・スミスの『国富論』にも、ペンシルヴェニア植民地の事例として、次のように書かれている。「植民地議会の法令によって、イングランド正貨五シリング〔クラウン銀貨〕が植民地では六シリング三ペンスとして通用すべきことをさだめ、のちには六シリング八ペンスとさだめた。……金銀輸出を防止するということであった」(水田洋訳)。つまり本国で五シリングとされているクラウン銀貨――八レアル銀貨とほぼ同サイズ――は、ペンシルヴェニア植民地の通貨としては六シリング以上の評価を得ているのである。

すでにふれたジェファソンの一覧表でも、クラウン銀貨が同様に本国よりも高く評価されていることが示されており、とりわけ「一七二七年」の「六シリング三ペンス」については完全に一致している(硬貨を軸に考えれば、これは本国と当該植民地との為替レートといえる)。このように植民地が高値政策を採って金銀貨を吸収することに関して、むろん本国は快く思わず、一八世紀初頭には規制がかけられるが、必ずしも実効はなかった。

では、当時の市場の実勢と政策誘導とのバランスのなかで、金銀貨は実際、人々にどの程度に評価されていたのだろうか。これを体現する史料の一つとして「暦《アルマナック》」が挙げられる。暦といってもむろん単なるカレンダーではなく、有益なさまざまな情報が付随しており、そこには種々の硬貨の評価表・換算表も含まれている。一八世紀後半のそれらを総合的に分析すると、各植民地では本国と比べて一・三倍、一・六倍、一・七倍などと、金銀貨がさまざまに高値評価されていることがわかる。とりわけ貨幣需要の高かったニューヨーク植民地では一・七倍である。

しかし、金銀比価に注目するとどうか。スミスは『国富論』のなかで、「前世紀(一七世紀)のなかばごろ、それ(金銀比価)は一対十四と一対十五とのあいだの比率」と指摘しており、造幣局長官としてのアイザック・ニュートンが一七一七年に定めた金銀比価(いわゆるニュートン比価)は一対一五・二一である。そして一八世紀後半の前述の暦から析出される各植民地の金銀比価は、本国も含めて一四・五ないし一五程度であり、時間的にも空間的にもある程度、安定していることがわかる。この事実は、近世大西洋世界の定常的で普遍的な貨幣秩序を意味しているといえよう。

硬貨を植民地内に留める方策②――硬貨の価値を低める

硬貨を植民地内に留める方策として、これまで述べた高値政策とは正反対の方策も採用されている。すなわち硬貨を高く評価するのではなく、むしろ逆に低めることによって、域外への流出を防ごうとする策である。硬貨の価値を低めるとは、硬貨を変造・毀損したり、悪鋳をおこなったり、偽造(私鋳)したりすることを意味している。たとえばカリブ海、西インド諸島の植民地では、植民地ごとに固有の形の穴を八レアル銀貨に開けて毀損し、価値を減じた上で、自らの植民地の通貨とすることもあった(くり抜いた小片は小額硬貨として利用した)。

また、マサチューセッツ湾植民地では、本国のピューリタン革命に乗じてボストン造幣局を設置し、前述したように金銀は産しないため、もっぱらスペイン銀貨等の改鋳による造幣をおこなっている。そしてその際、あえて品位を落とし、悪質な銀貨を造ったとされる。その一例が、刻印された意匠から「松の木」と呼ばれる銀貨で、一六五二年の年銘が認められる(本章扉)。実際、独立革命で活躍したサミュエル・アダムズやポール・リヴィア(いずれも後述)がおよそ二二〇年前に埋めたとされるタイムカプセルが、二〇一五年初頭に開封されて調査がなされ、この年銘を持つ松の木銀貨が見つかっている。

一六五二年はボストン造幣局が設置された年で、以後ここで造られた硬貨の多くがこの年銘を刻んでいるのは、ピューリタン革命時にクロムウェルが硬貨の鋳造を認めてくれた、つまり責任はクロムウェルにあるとの一種の逃げ口上のためだったともいわれる。しかし一六八二年を最後に鋳造は中止され、造幣局は八四年に閉鎖された。

金銀貨の偽造は非常に重い罪、すなわち重罪《フェロニー》だが、一方、地域内での身近な通用が想定されていた銅貨の場合は、一八世紀前半までそのような扱いではなかった。そのため、私鋳・偽造された悪質なものも多く植民地に持ち込まれた。このようにいずれの場合も、「悪貨が良貨を駆逐する」というグレシャムの法則を逆手にとり、悪貨を導入して域外への硬貨の流出を防ごうとした巧みな策ともいえよう。

近世大西洋世界の遺産

八レアル銀貨(スペインドル、のちメキシコドル)はまた、いわゆるガレオン貿易、アカプルコ貿易を通じて東アジアへも大量に流れ込み、太平洋世界を席巻した。この銀貨は、文字どおり大西洋世界と太平洋世界とを繋ぐ鍵といってよい。銀経済の中国では、品位の安定した八レアル銀貨が重宝がられて広く流通したのである。

図2-7右は、カルロス四世の肖像と銘の入った八レアル銀貨だが、その表面には小さな記

号のようなものが数カ所にわたって刻印されている。これは当時、中国で両替商等が私的に打った荘印《チョップ・マーク》であり、そもそもは硬貨の真贋を見極めるためのものだったが、これが多く打たれているほどその硬貨の信頼性が増すことになり、広く通用したことを自らが証《あか》しているといえる。

一方、図2-7左に示したのは狩谷《かりや》懐之《かねゆき》『新校正孔方図鑑』(一八一五年)の一部で、外国のものも含むさまざまな硬貨を網羅して大変有名な書物である。この書物にはカルロス三世の八レアル銀貨が「王面銭」として掲載されており、江戸時代のわが国にもその存在が知られていたことがわかる。

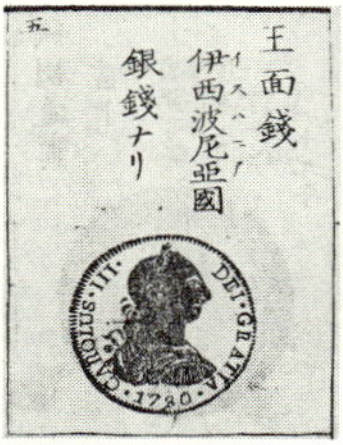

図2–7　アジアにおける8レアル銀貨(スペインドル)．(左)狩谷懐之『新校正孔方図鑑』より．(右)メキシコシティで造幣．中国で「仏頭」などと呼ばれた．(径3.9 cm)

さて、このように近代の太平洋世界にもさまざまな衝撃をもたらした近世大西洋世界の遺産、とりわけその貨幣秩序、金銀比価の安定性は、時代が進むにつれて大きく揺らいでゆくことになる。銀鉱山の発見や抽出法の改良、そして金本位制へと向かう世界の流れのなかで、銀は金に対して価値を大きく減じてゆき、一九世紀末には一対三五程度にまで至っている。銀の相対価値が低落していたその一八九〇年代、アメリカ史上有名な第三政党、人民党の綱領には、かつての近世大西洋世界を彷彿とさせる——そして一八三〇年代の改定を反映した——金銀比価一対一六を基準とする銀貨の無制限鋳造《フリー・シルバー》が盛り込まれた。それはあの『宝島』の上梓からおよそ一〇年後のことであった。

第三章　アメリカ独立革命の展開

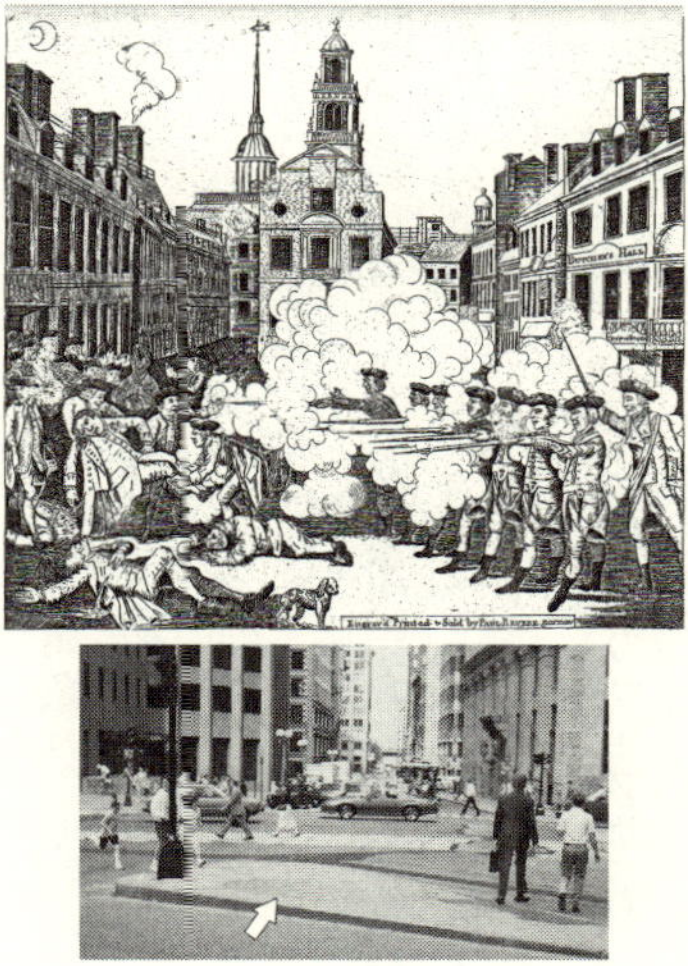

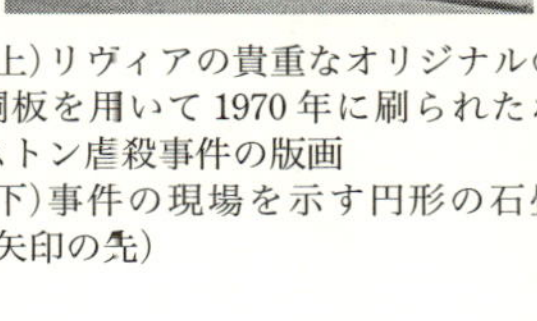

(上)リヴィアの貴重なオリジナルの銅板を用いて1970年に刷られたボストン虐殺事件の版画
(下)事件の現場を示す円形の石畳(矢印の先)

1　先鋭化する対立

革命と独立の意味

わが国で一般に「アメリカ独立革命」と呼称される歴史事象は、原語の英語では、その後のフランス革命やロシア革命と同じように、「アメリカ革命《アメリカン・レボリューション》」と呼ばれる。だがこの語を、同時代の根本史料たる『大陸会議議事録』全三四巻(一九〇四―三七年)に探し出すべく、年次ごとに配された索引に目を通すならば、第九巻の索引にたった一件のみ見出せる。そして当該のページを開くと、実際に記されているのは「アメリカの歳入《アメリカン・レヴニュー》」なる私掠船の船名。つまりこの唯一の例は、信じがたいことに誤植なのである。したがって『大陸会議議事録』の索引には、じつのところ「アメリカ革命」の語は採用されていない。

だが現在、同議事録のデジタル版がアメリカ議会図書館のウェブサイトに無償で公開されており、全文検索を実行すると、この語が議事録部分――注記部分ではなく――に登場するのはわずか数回にすぎず、しかもその初出はようやく一七七九年であることがわかる。つまり、

「アメリカ革命」の語が、革命推進の中核機関たる大陸会議の議事録に初めて現れるのは、独立宣言から三年近くものちのことなのである。もっともそれ以前にも、この語はさまざまな場面で用いられていたであろうし、「革命《レボリューション》」ではなく「アメリカ独立戦争《ウォー・オブ・アメリカン・インディペンデンス》」という淡白な表現を好んだイギリス英語とは異なり、アメリカ英語ではこの戦争は「革命戦争《レボリューショナリー・ウォー》」であり、ワシントンらは「革命家《レボリューショナリー》」とも称されてきた。

だが一方、わが国の歴史書などで用いられる「独立革命」なる語も、この歴史事象の内容を適切に表現しているといってよい。そもそも革命の名が与えられたゆえんは、それまでの王制から離脱し、新たな体制たる共和制が採用されたことにあると考えられるが、その過程で、世界最古ともされる成文憲法が制定され、新たな独立国家が誕生したからである。フランス革命により成立した第一共和政はナポレオンの第一帝政へと変貌し、ロシア革命を契機に建国されたソヴィエト連邦の命脈は一世紀も保たれなかったが、独立革命の血の海のなかから出現したアメリカ合衆国は、今日まで連綿と続いている。それゆえアメリカ独立革命について知ることは、アメリカの今を知ることにつながっているのである。

また本章では、国造りのハードウェアたる政治的な制度設計のみならず、ソフトウェアたる国民造りの装置、とりわけ建国神話をめぐるイメージ形成についてもふれることで、ハード・ソフトの両面で、この時代がどのようにアメリカを創り上げてゆくのか、そして創り続けているのかを見てゆきたい。

すでに「はじめに」で述べたが、再度強調するならば、アメリカ独立革命は一七六三年と八三年の二つのパリ条約に挟まれたおよそ二〇年間の出来事といえる。この二〇年間は、一七七三年末のボストン茶会事件を境に、前半の一〇年と後半の一〇年に分けてとらえることができ、さらにその後の合衆国憲法制定、批准に至る五年間も、新国家の制度設計の時期として独立革命に含めうる。こうして一七六三年から八八年まで、およそ一〇年／一〇年／五年の流れを経て、新共和国アメリカが誕生することになる。

イギリス第一帝国の頂点

英仏のいわゆる第二次百年戦争の一環として、一七五四年に戦争が勃発した。本格的な戦いが始まった一七五六年から、講和条約(パリ条約)が結ばれた六三年まで続いたことから名づけられた、七年戦争である。イギリスのジョージ二世は南国務相のウィリアム・ピット(大ピット)に采配をゆだね、ルイ一五世のフランスと対峙した。

そのイギリスが組んだのがフリードリヒ二世率いるプロイセンである。プロイセンはオーストリア継承戦争でマリア・テレジアのオーストリアからシュレージエンを奪っており、同地の奪還を狙うハプスブルク朝のオーストリアは長年の仇敵たるブルボン朝のフランスと手を結んだ(外交革命)。同じブルボン朝のスペイン――スペイン・ハプスブルク朝の断絶後、スペイン継承戦争を経て、フランスと合同しないという条件でブルボン朝の王位が認められた――も当然フランスに与《くみ》し、その他、ロシアやスウェーデンもフランス側についた。

この戦争はヨーロッパのみならず、新世界やアジアなど地球的な規模で戦われた世界戦争であり、北米ではフランス軍が先住民とともにイギリス軍に対峙したことから、フレンチ・インディアン戦争と呼ばれる。ヨーロッパでは、戦争中に即位したロシアのピョートル三世がフリードリヒ二世に私淑していたこともあって、ロシア軍は優勢だった戦線から離脱し、また北米ではジョージ・ワシントンら植民地人も活躍して、最終的にイギリス側が勝利した。

その結果、新世界におけるフランスの植民地支配、ヌーヴェル・フランスは終焉を迎えることとなった。すなわち一七六三年のパリ条約で、フランスはカナダやミシシッピ川以東のルイジアナをイギリスに、さらにミシシッピ川以西のルイジアナをスペインに譲り、一方スペインもイギリスにフロリダを割譲したのである。ただし、フランス人もフランス文化もカナダ、とりわけケベックに留まっただけでなく、ニューファンドランド島沖の小さな島々(サンピエール、ミクロン)の支配権はフランスが保持しつづけ、今日、これらの島群はフランスの海外準県となっている。また、ペンシルヴェニアの奥地でイギリスが攻略したフランスの砦は、大ピットにちなんでピッツバーグと名づけられた。

こうして七年戦争の結果、新大陸を中核とするイギリスの植民地帝国、イギリス第一帝国がその頂点に至ったのである。植民地においてもイギリス帝国の一員としての自負心、すなわちイギリス人意識が一層の高まりを見せた。

しかし、本国と植民地の共通の敵であったフランスの軍事的脅威が北米から消え去ったことで、皮肉なことに本国は植民地に対する規制の強化が可能となった。七年戦争中の一七六〇年に亡くなった祖父ジョージ二世の後を襲って王位に就いた若きジョージ三世は、自らに親《ちか》しい政府とともに、従来の「有益なる怠慢」の見直しへと舵を切る。パリ条約締結の年にさっそく国王宣言を発して、植民地人がアパラチア山脈を越えて西方へ移住することを規制しようとした。この措置には、帝国辺境において先住民との関係を良好に保つ目的もあったが、植民地人の反発をまねいた。

また、翌一七六四年には、密貿易への対策として通商規制を強化し関税収入の増加をはかるべく、外国産の砂糖や糖蜜などに新たな税率を導入する砂糖法(アメリカ歳入法)を制定し、さらに前章で述べたように通貨法を定めて、植民地の紙幣発行に制約を課そうとした。本国政府はそれまでの戦費を回収するためにも、植民地統治の経済的負担を植民地に求めたのである。

じじつ、一七六〇年代前半にはボストン港を出港する船の積荷検査はそれほど厳格ではなかったが、六〇年代後半になると、監視体制の強化などによって関税収入の増加が見られる。つまり、パリ条約締結直後には密貿易の取り締まりはまだ緩やかであったが、しだいに強化されたことが確認されるのである。だが、このような本国の政策は植民地人の反発を惹起し、一部の地域ではイギリス製品の不買運動も発生した。さらに翌一七六五年、後述する印紙法の制定が大規模な抵抗運動の引き金を引くことになる。つまり、七年戦争の勝利がもたらした第一帝国の完成は、皮肉にもその崩壊の序曲であり、独立革命のはじまりとなったのである。

一方、本国では第一帝国はどのようにとらえられていたのか。アダム・スミスの『国富論』を訪ねてみよう。「グレート・ブリテンの支配者たちは、過去一世紀以上ものあいだ、その国民を、大西洋の西側におおきな帝国をもつという想像でたのしませてきた。しかしながら、この帝国はこれまで、想像においてだけ存在したにすぎない。それは、これまで、帝国ではなく、帝国の計画であり、金鉱ではなく、金鉱の計画であった」(水田洋訳。傍点著者)

長大な『国富論』の最後のくだりで彼が述べた言葉である。当代随一の事情通ともいえるスミスにとって、完成したはずのイギリス第一帝国も、いわば「想像の帝国」にすぎなかった。重商主義のバランスシートを冷徹に見通す彼の眼には、第一帝国の虚構性・脆弱性がはっきりと映じていたのであり、従来の「有益なる怠慢」の状態のまま北米植民地を保持し続けることは、本国にとって決して益にならないと主張したのである。

この見解をより明瞭に示すとされる史料が、一七七八年二月の日付が記された匿名の覚え書である。この覚え書はスミスの手になるものと推定されており、そのなかで彼は、アメリカ植民地との戦争が終結に至る場合の道筋として、四つのパターンのみが考えられうると断じる。①アメリカの完全な屈服、②アメリカの完全な解放、③旧体制(「有益なる怠慢」)の復活、④一部分の植民地のみの解放、であり、最後の④が「最も大きな可能性」を持つとした。

だがむろん、歴史の女神クリオは②を選択することになる。

「代表なくして課税なし」

一七六五年、本国議会はアメリカ植民地に対して印紙法を定めた。新聞などの印刷物や証書類、トランプにまで印紙を貼ることを義務づけた法律である(図3-1)。グレンヴィル内閣の方針に沿ったその立法化は、消費革命による植民地の購買意欲の高まりに接した本国の役人たちが、さらなる課税が可能であると考えたことも一因であった。

印紙を用いたこの課税は、すでに本国では導入されていたが、従来のような関税ではなく、植民地内の諸活動に直接介入する内国税であるとして、植民地側は反発を強めた。代表を送っていない本国議会によるこのような恣意的な課税は、植民地人が持つイギリス人としての固有の権利を侵害しているととらえたのである。「代表なくして課税なし」の論理であり、北米植民地全域で抵抗運動が活発化した。

そもそも「代表なくして課税なし」は、マグナカルタ以来の、さらには名誉革命後の権利章典(一六八九年)によって確認されたイギリス人としての固有の権利を端的に示したスローガンであり、アメリカ植民地では一八世紀半ばにボストンの牧師ジョナサン・メイヒューが説教の中で用いたとされる。アメリカ独立革命が始まると、ボストンで人々の口の端に上るようになり、とりわけ弁護士のジェイムズ・オーティスが述べた「代表なくして課税するのは暴政である」の語は広く知られるようになった。本国はのちに、本国議会の議員はイギリス全体の代表であるから、アメリカ植民地も「事実上《ヴァーチャル》」代表されていると主張することになるが、植民地人の容れるところとはならなかったのである。

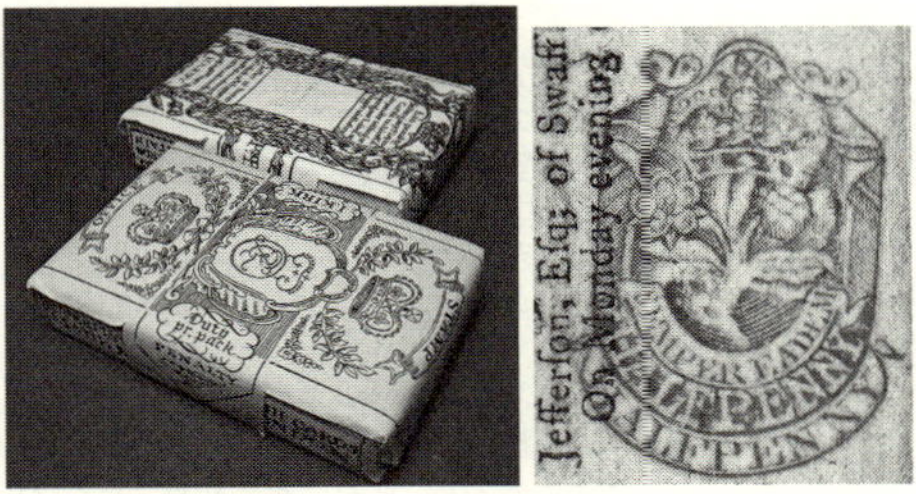

図 3-1　当時の印紙の例．(左)トランプに貼られた印紙(複製)，(右)『ロンドン・クロニクル』紙(1763 年)に押された半ペニーの納税印

　かくしてニューイングランドや中部などから九つの植民地の代表が集まって印紙法反対の決議をおこない、また「自由の息子たち《サンズ・オブ・リバティ》」と呼ばれる抵抗組織の活動も盛んになった。直接的な暴力行為も見られたが、民衆の抵抗にはイギリスの伝統的な民衆文化・政治文化に根ざしたものも多く、たとえば、非難の対象となった本国側の人物の体に無理やりタ

ールを塗って羽毛を貼りつけたり(「タール・アンド・フェザー」)、その人物になぞらえた人形を燃やしたりしたのである。結局、グレンヴィル内閣は倒れ、一七六六年、印紙法の撤廃が決まった。ただし本国議会は同時に宣言法を制定し、植民地に対する立法権を引き続き主張した。

翌一七六七年、蔵相チャールズ・タウンゼンドにより、植民地に対する新たな課税が提案、制定された(彼は同年死去)。紙、塗料、ガラス製品、茶など、本国や東インド会社の製品・産物である日用品の輸入に関税を課す、いわゆるタウンゼンド諸法である。

先の失敗から、これらの税は形の上では内国税ではなく関税とされた。だが通商規制を目的とした外国製品への関税とは異なり、増税策であることは明らかであり、税関の強化策とも相まって、植民地全域で反発をまねいた。のちに連合規約の起草を担うことになるジョン・ディキンソンは、『ペンシルヴェニアの一農夫からの手紙』(一七六八年)を著して、タウンゼンド諸法に抗議した。

不買運動が活発化し、茶や服飾など、本国の商品に対するボイコット運動が展開する一方で、植民地産品をもっぱら用いようとする動きも強まった。このように消費面でのイギリス化を否定し、逆手に取る「非消費の儀礼」によって、本来中立的なはずの商品に政治的な意味合いが付与され、消費という個々人の日常の行為が、新聞などの活字メディアの報道を通じて、植民地全体にとって意味を持つ行為へと変貌を遂げたのである。

こうして一三植民地全体、また社会層全体が政治的に動員されることで、「アメリカ人」としての意識がしだいに浮かび上がってきたといえよう。

アイデンティティの所在

ここでアメリカ人意識の生成について、少し詳しく見てみよう。革命前夜、一八世紀後半にはヒト・モノ・カネや情報の円滑な流れによって、植民地間相互の政治的・経済的な結びつきが一層強化されたが、このような客観的条件の整備がただちに主観的・心理的な意味でのアメリカ人、すなわちアメリカ人意識を生み出したかどうかについては自明とはいえない。ハード面での整備は必要条件であって、十分条件ではないからである。

ソフト面たる「意識」のレベルでアメリカ人としての一体感、つまりアメリカ人意識が独立革命前にすでに成立していたかとの問いに対しては、たとえば新聞を史料として用いた計量的研究があり、それによれば、英領北米植民地を一体として言い表す表現の出現頻度が一八世紀半ばすぎから伸びており、一三植民地を結びつける共通のアイデンティティが独立革命に向けて強まっていったことが確認できるとされる。

しかし少なくとも一七六〇年代半ばまで、その共通のアイデンティティのなかでイギリス人意識の占める比重は依然大きく、当時共有されていた植民地の一体感は、むしろ本国というモデルを介して各植民地が社会的・文化的に収束した——すなわち「イギリス化」した——結果ととらえることができる。

帝国の統治構造において、それぞれの植民地は本国と直接に結びついていたのであり、しかも社会のイギリス化が進行し、本国とのつながりが強調されるなかで、革命前夜の植民地人のアイデンティティは、自らが住む植民地と、自らが所属する国家にあったといえよう。すなわち「ヴァージニア人」にして「イギリス人」——より正確にはブリテン人《ブリティッシュ》——なのであって、いまだその輪郭すら判然としない「アメリカ人」ではなかったのである。

英領北米植民地の連合案を議論したオルバニー会議(一七五四年)が、いわば空論に終わったゆえんであろう。さらに彼らはフレンチ・インディアン戦争を本国の軍隊とともに戦い抜いた結果、イギリス人意識を一層強め、イギリス帝国への大いなる貢献を自負するに至った。ベンジャミン・フランクリンも、帝国の首都が本国から植民地へ移動する可能性について堂々と論陣を張ったほどである。

つまり、早期のアメリカ人意識の成立を前提に、あたかも熟した実が枝から自然に落ちるかのごとく革命を説明するかつての論は、正鵠を射ているとは言いがたい。一三の植民地がともに革命へと向かったのは、むろん地理的条件の重要性は否定できないとしても、たとえば南のジョージアを除いて一二にも、北のノヴァスコシアを加えて一四にもなりえたとも考えられ、それゆえその後の国民国家形成において、この一三の結びつきを偶然から必然へと転換させるために多大な労力が傾注された。ベネディクト・アンダーソンのいう「最初の国民国家」を創り上げるにあたって、合衆国という「想像の共同体」は文字どおり人工的に創造されねばならなかったのである。

では社会のイギリス化が進行し、イギリス人意識が高まっていたこれら一三植民地は、かかる状況下で、なぜ独立へと向かうことになったのであろうか。

繰り返しになるが、具体的な契機としては、先述したように「有益なる怠慢」政策の終焉が指摘できよう。とりわけ一七六五年の印紙法の導入によって、この政府の「陰謀」が初めて広く認識されたのである。しかし当初、一三植民地の人々は、この方針転換の理由をにわかには理解できず、自らの奢侈の風潮がこのような結果を招いたとする論調も強かった。このように自省してまで植民地人が本国に求めたのは従来の関係、すなわち「有益なる怠慢」への復帰にすぎなかった。文字どおりこの「有益」なる慣行こそ、植民地のイギリス人意識の大前提であり、帝国への高い寄与を自負するエリート層の自尊心を根底で支えていたからである。

つまりアメリカ人としてではなく、イギリス人としての共通の権利を主張した植民地人にとって、革命の選択はまさにイギリス化の頂点といえた。歴史家のJ・M・マリンが喝破したように、アメリカとはイギリスが生み出した悪夢――双方の誰もが当初望まなかった――だったのである。かくして革命の動きのなかで、新たに定義された概念＝アメリカ人としてのナショナル・アイデンティティが、いわば人為的に生成されてゆくことになる。

ボストン茶会事件と第一次大陸会議

タウンゼンド諸法への反対運動のさなかの一七七〇年三月、ボストンに駐留していたイギリス軍が民衆に発砲し、黒人一人を含む五人が犠牲となる事件が発生した(ボストン虐殺事件)。後述するポール・リヴィアが制作した版画でも広く知られるこの事件の現場には今日、「一三」を表象する円形の石畳が記念碑として路上にあしらわれている(本章扉)。一方、本国側でも貿易商人などが法律の見直しを迫り、かくしてタウンゼンド諸法も、本国議会の至上権の象徴であるとともに重要な財源でもあった茶税を残して、同年四月に撤廃された。

だが三年後の一七七三年、本国議会は新たに茶法を制定する。東インド会社の経営を助けるため、本国に関税を納めずに茶を北米へ直送することを認めたこの法律により、茶の価格は下がって植民地側も歓迎するはずであったが、茶を密輸していた植民地の商人たちを中心に、本国の一方的な政策転換に対する反発が広がった。

ボストンではサミュエル・アダムズらが反対運動を活発化させ、一七七三年末、先住民の扮装をした人々が東インド会社の商品を積んだ船を襲い、茶箱を海に投じる事件が発生した。これはむろん違法行為ではあったものの、上述のような民衆文化に根を持つ伝統的な抗議行動といえた。ボストン港が巨大なティーポットに比されたことから、のちにボストン茶会事件と称されることになるが、当初は「ボストン茶会《ティー・パーティ》」ではなく、単に「ボストン港での茶の投棄」と表記されている(図3–2)。

本国議会はこの事件に激怒し、翌一七七四年には「強圧的諸法」と呼ばれる四本の法律を次々に制定して、ボストン港閉鎖など、マサチューセッツ湾植民地に対して懲罰的政策を強行した。さらにケベック法を成立させ、ケベック植民地の領域を拡大するとともに、同植民地で

図3–2 ボストン茶会事件を描いた19世紀中頃の版画3葉．これらの版画のタイトルも「ボストン港での茶の投棄」と記されている(1葉のみ「ボストン茶会」を併記)

カトリックを――英領植民地ではプロテスタントが主流であるにもかかわらず――公定教会と認めた。これら一連の法律を植民地人は「耐えがたき諸法」と総称し、反発を強めた。かくして事態は先の読めない新たな段階へと突入してゆく。

危機感の高まりのなか、事態に北米植民地全体で対応すべく、同年九月からフィラデルフィアのカーペンターズ・ホールで第一次大陸会議《コンチネンタル・コングレス》が開催される。そこにはジョージアを除く一二の植民地の代表が参集し、急進派の主導のもと、パリ条約以来の本国による植民地政策を強く批判し、「耐えがたき諸法」の撤廃を求める一方で、本国との和解の道も探った。

また本国への対抗措置として貿易の停止を決議し、そのために「大陸連盟」の結成をうたい、さらにその趣旨を実行に移すため、各地に査察委員会の組織づくりを求めた。こうして第一次大陸会議は、翌年の開催を決定して一〇月にいったん解散した。

年が明けて三月、この会議にも参加したヴァージニア植民地の指導者の一人、パトリック・ヘンリーは演説で「自由か、しからずんば死を」と述べる。実際、その言葉は現実味を帯びつつあった。戦争の足音が間近に迫っていたのである。

2　独立への道のり

独立戦争の勃発と「ポール・リヴィアの疾駆」

一七七五年四月一八日の夕刻から一九日の夜更けにかけて、銀細工師のポール・リヴィアともう一人の使者ウィリアム・ドーズが、ボストンに駐留するイギリス軍の動きを知らせるため、レキシントンへと馬を走らせた。サミュエル・アダムズらの逮捕や武器庫の破壊のために、イギリス軍がレキシントン・コンコード方面へ向かっているとの情報である。それを受けてミニットマンと呼ばれる地域の民兵《ミリシア》が参集し、夜が明けるとイギリス軍との戦闘が始まって、大きな打撃を与えた。マサチューセッツ湾植民地で勃発したこのレキシントン・コンコードの戦いにより、独立戦争の幕が切って落とされたのである。

この時、先に発砲したのは英米のどちらなのかをめぐって、のちに議論が巻き起こる。リヴィアは戦闘の開始を告げる銃声を聞いてはいるが、目撃はしていない。この戦いを描いて有名なA・ドゥーリトルの版画集(一七七五年)を見ると、最初に発砲したのはイギリス軍、との含意が読み取れる一葉がある(図3-3)。

この版画集は、当該の戦いの直後に民兵らから聞き取り調査をしたうえで製作されたもので、おそらくは現場の忠実な再現と考えられるが、同時に、当時の人々の意識をも忠実に再現している可能性があろう。版画の下に記された説明文の二番には、「レキシントンで植民地人に最初に発砲した部隊」とあり、それが指し示しているのは中央の英軍の部隊にほかならず、逃げ

図 **3–3**　レキシントン・コンコードの戦いを描いて有名な A. ドゥーリトルの版画集の第 1 葉(複製)

まどう植民地人に整然と銃火を浴びせかける英軍が戦端を開いたことを強く示唆する構図となっている。
独立戦争の嚆矢たるレキシントン・コンコードの戦いを、このように「無辜《むこ》のアメリカ人がイギリス軍によって急襲された戦い」として記憶させたい指導者層の意図もあって、リヴィアは当初、自らの騎行について沈黙を守ろうとする。しかし彼はのちに北米初の銅圧延工場を開くなど――蒸気船を実用化したロバート・フルトンの船のボイラーにも、彼の工場の銅板が使われた――実業家として成功し、死後には独立戦争への貢献がしだいに注目されるようになる。

そして南北戦争前夜、リヴィアは国民的英雄への階段を一気に駆け上がる。その契機となったのは、ハーヴァード大学教授にして詩人のヘンリー・ワズワース・ロングフェローがいくつもの虚構を交えて書き上げた一篇の詩であった。題して「ポール・リヴィアの疾駆(騎行)」。たとえば一般に、リヴィアは道々、「イギリス人が来るぞ」との有名な警告を発しているとされるが、史料的な裏づけはない。そもそも当時はいまだイギリス人であった植民地人への警告として不自然なだけでなく、敵方に聞かれる恐れのある行為を実際にしたとは考えにくい。

だが今日に至るまで有名なこの詩によって、リヴィアの人気は広がりを見せ、二〇世紀に入ると「ポール・リヴィアの家」が修復・公開され、楽譜（シートミュージック、図3-4）の発売はもとより、エジソンもこの詩をもとに無声映画を撮った。一九一五年にはリヴィアの疾駆の再現がおこなわれ、以後、マサチューセッツ州などの法定祝日「愛国者の日」（四月一九日、現在は第三月曜日）の恒例行事となってゆく。一八九七年の同日に第一回が挙行されたボストン・マラソンも、今日まで続く「愛国者の日」の行事なのである。

図 **3-4**　1905年の楽譜の表紙．YouTubeでも曲を聴くことができる

第二次大陸会議と大陸軍の創設

さて、一七七五年五月には当初の予定に従って、フィラデルフィアに各植民地の代表が再び集まり、ペンシルヴェニア邦議会議事堂（今日のインディペンデンス・ホール）で第二次大陸会議が開催された。以後、常設機関となったこの第二次大陸会議は事実上の中央政府として機能し、革命推進を担うことにな

る。ジョージアは数カ月遅れて出席し、最終的に一三植民地の代表がそろったのは九月である。

大陸会議はただちにジョージ・ワシントンを大陸軍(正確には大陸陸軍《コンチネンタル・アーミー》)の総司令官に任命した。武装した一般市民からなる従来の民兵組織は潜在的かつ遍在する兵力であり、地域の防衛には役立っても、自らの属する植民地を離れて大陸大に転戦し、顕在的かつ偏在するイギリス正規軍と継続的に対峙することは期待できない。そこで各植民地に兵員数を割り当て、正規軍たる大陸軍を創設したのである。当初の兵員規模は、およそ一万数千名であった。

また当時、軍事面でワシントン以上のキャリアを持つ軍人――植民地側についた元イギリス軍士官ら――がいたにもかかわらず、ワシントンが総司令官に選ばれた理由は、彼がかつてフレンチ・インディアン戦争で植民地人として最大規模の軍を動かした経験を有する一方、ヴァージニア植民地で政治経験も積み、大陸会議のメンバーであったことが大きい。さらに、初期の戦闘がもっぱら北部のニューイングランドで戦われたことから、植民地全体の支持を取りつけるためには、最大の人口を擁する南部のヴァージニアの参戦をうながす必要があり、ヴァージニア人を軍事指導者に任ずることが得策だと大陸会議が判断したことなども指摘できる。

じじつ、ワシントンは大陸会議の権威を常に尊重し、文民統制の原則を守りつつ、民軍関係に心を砕きながらその重責を果たすことになる。彼は次のように述べる。「大規模で長期にわたる戦争は、愛国心だけで支えることはできない。愛国心はいくばくかの報酬を得るという希望によって支えられねばならない」。この徹底したリアリズムこそ、彼が構築する良好な民軍関係の基盤をなしたのである。

かくして大陸軍は、一三植民地の集合体に最も端的なかたちで実体を与えた最初期の組織となった。なお、大陸軍に比して非常に小規模ながら大陸海軍も創られ、ジョン・ポール・ジョーンズがイギリス近海で敵艦を拿捕《だほ》するなど活躍し、アメリカ海軍の英雄として今日まで称えられている。

こうして戦局が展開するなか、各植民地では旧来の植民地政府が次々と機能を停止しはじめ、総督も退去を余儀なくされてゆく。これまでの植民地議会に替わって、当初は非正規の組織だった植民地会議や革命協議会が各植民地の臨時政府となり、大陸連盟の査察委員会が再編された保安委員会は、植民地会議の執行部として行政部門などを担った。

一七七五年六月にはボストン近郊で軍事衝突が起こり（バンカーヒルの戦い）、民兵を主体とするアメリカ側の部隊はイギリス軍の猛攻に撤退を余儀なくされたものの、同時に大きな損害を与えた。七月には大陸会議が「武器を執る理由と必要の宣言」を発して自らの行動を正当化する一方、本国との和解の道を求めてジョージ三世への請願書（平和を希求したことから「オリーヴの枝請願」と呼ばれる）を採択した。

だが本国の態度は硬く、請願も実効はなく、むしろ植民地は反乱状態にあるとの国王宣言が

図 3-5　1786 年に鋳造された有名な記念メダル(複製)．表(左)は「自由の擁護者」たるワシントンの肖像，裏(右)は大陸軍によるボストン奪還を称えており，最初の議会名誉黄金勲章とされる．(径 6.8 cm)

発せられた。ここに至り、従前の「有益なる怠慢」を基調とする関係への回帰が困難であるとの認識が広まってゆく。翌一七七六年三月にはワシントン指揮下の大陸軍が、イギリス軍をいったんボストンから追い出すことに成功した(図3-5)。

このようにニューイングランドを中心に戦闘が長期化するなか、植民地の人々のあいだでも、大きな意見の対立が生じていた。戦争を継続し、独立もやむなしとする愛国派《パトリオット》、「イギリス人意識」にこだわって国王に忠誠を誓い、独立に反対する忠誠派《ロイヤリスト》、どちらとも決めかねている人々、の三者にそれは大別できる。愛国派の人々は本国の政治状況になぞらえて、自らをホイッグ派、対する忠誠派をトーリー派と呼ぶこともあった。本国と関わりの深い植民地支配層を中核とする忠誠派の人々は、イギリス軍の存在なしには各地域で支配勢力となることができず、その割合はせいぜい総人口の三割程度だったと考えられる。

かくして、以前は両立していた「アメリカ人」(具体的には各植民地人)と「イギリス人」のアイデンティティは引き裂かれ、二者択一を迫られることになったのである。

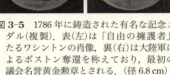

独立宣言が意味するもの

独立について態度を決めかねている人々が依然多かったなか、フランクリンの勧めでイギリスからアメリカに渡ってきたトマス・ペインが、一七七六年初頭に匿名で出版した小冊子『コモン・センス』は大きな衝撃を与えた。同書は世界史の事例を引きながら、聖書にまでさかのぼって王政や世襲制の危険性を説き、イギリス国王の統治の正当性を否定する。さらに、「野獣でもその子をむさぼり食おうとはしない」(小松春雄訳)のに、今や本国は植民地を押しつぶそうとしており、独立はやむをえないだけでなく、多くの利点があると論じたのである。

この小冊子は版を重ね、その年だけで少なくとも一〇万部を売り上げ、さらに新聞に転載されたり、筆写されたりして広く読まれた。また当時は本などの文章は音読することが一般的で、それを聞くことで、たとえ字が読めない人でも内容を知ることが可能であり、より広範に、独立の世論形成に寄与した。

ただ、大陸会議が最終的に独立に踏み切る決断を下したのは、本国の軍事的攻勢によるところも大きい。ボストンから撤退してカナダで待機していたイギリス軍が、本国からの増援を得て大軍となり、海路アメリカへと迫りつつあった。指揮を執るのは、国王の縁戚でもある二人の兄弟、リチャード・ハウ提督とウィリアム・ハウ総司令官である。

事態が切迫するなか、大陸会議は議論のすえ、独立宣言草案作成のための委員会を設置する。

六月末にはイギリスの大艦隊がニューヨーク沖に到着したとの知らせが届いた。決断の時は迫りつつあった。七月二日に独立の決議、そして四日に独立宣言が採択されたのである。したがって独立宣言は、本国に対しては宣戦布告、各植民地に対しては臨戦態勢づくりの要請を意味した。

この独立宣言文は、すでに述べたように、のちの第三代大統領トマス・ジェファソンがおもに起草したもので、大きく三つの構成要素からなる。まず前文は、イギリスの哲学者ジョン・ロックが『統治二論』(一六九〇年)で論じたように、自然法にもとづく革命権を主張する。つづく本文(主文)では、ジョージ三世の悪政を四範疇二八項目にわたって順序よく指摘して断罪する。そして結語で、本国からの分離・独立を論理的帰結として高らかに宣言するのである。

普遍的な原理としての前文を一種の公式にたとえるならば、本文の具体的な事実をその公式に代入することによって、独立という解が導き出される仕組みである。もっとも結語の前には、これまで植民地側がいかに本国との関係改善のために努力したかが述べられ、それらが容れられなかったためにやむをえず独立を選択せざるをえなくなったというワンクッションが、念入りに配置されている。

ただしこの場合の「独立」とは、あくまでも一三の植民地が個々の邦(ステイト)として、一緒に独立するという意味にすぎなかった。アダム・スミスも先述のように「一部分の植民地の

み の解放」を見通したゆえんである。今日、「州」と訳されるこの「ステイト」は、アメリカ合衆国憲法成立以前の独立革命期には独自性がより強かったため、「邦」と訳するのが研究上の通例で、本書もそれに従う。したがって独立宣言に記された「ユナイテッド・ステイツ」の語は、「連合諸邦」、「諸邦連合」などと訳しうる。ただし合衆国憲法制定・批准をめぐる議論の際に、「州」と「邦」を訳し分けることが困難であるとして、一貫して「州」もしくはそのまま「ステイト」と訳する向きもある。

なお当時、各方面からいくつもの独立宣言文が提示されていたが、ジェファソンが草案作成の際におもに参照したと考えられるのは、自身が少し前に書いたヴァージニア邦憲法の前文案と、六月上旬にフィラデルフィアの新聞にも掲載されたジョージ・メイソンのヴァージニア権利章典の草案である。また、ヴァージニアが二年後に奴隷輸入を禁止したことからもわかるように、このような流れに逆らうイギリス政府への非難が、ジェファソンの草案中の文言「捕まえて、別の半球に運んで奴隷とし、また運ぶ途中、悲惨な死をもたらした」などに反映されている。ただし、これらの奴隷制にかかわる文言は、南部諸邦への配慮もあって、最終的に削除された。

さて七月四日の採択を受けて、独立宣言が直ちに印刷され、各地に届けられて兵士や民衆の前で読み上げられたり、新聞に転載されたりした。独立宣言文は人称代名詞を多用して、「彼

図3-6　国立公文書館のホール中央上段に祀られた独立宣言書．ホール改装以前の様子で，現在は段が取り外され，中央の合衆国憲法の左側に独立宣言書が置かれている

（国王の意）は……をした」と列挙することで本国との抗争をわかりやすく擬人化して伝え、人々に愛国派の視点を共有させた。これに応じた人々のなかには、国王の肖像画や騎馬像を破壊することで、儀礼的な「王殺し」をおこなう者もあった。

現在、首都ワシントンの国立公文書館に展示されている独立宣言書（図3-6）は、羊皮紙に手書きで清書され、八月二日から各植民地の代表たちが署名をして出来上がったものである。大陸会議議長を務めたマサチューセッツの大富豪のジョン・ハンコック（図3-7）は、国王ジョージ三世がメガネなしでも読めるように大きく署名をしたという。反逆罪での処刑も覚悟しつつ、独立宣言へ自らの名を記した五六名の「署名者《サイナー》」たちは、アメリカ史上、特別な存在として称えられている。

もっとも、独立宣言は当初、政治的「聖典《カノン》」などではなく、のちに述べる憲法制定会議でもわずかに言及されたにすぎない。憲法批准をめぐるさまざまな著作や、独立革命を論じた初期の書物においても、これを特別に神聖な文書として位置づけてはいない。さらには次章で見る初期の党派対立にも巻き込まれるが、やがて一八一二年戦争（米英戦争）を契機とするナショナリズムの高まりとともに、称えられる存在となってゆくのである。

この独立宣言を読み上げるというセレモニーは、一七七六年の七月四日からほぼ一カ月以内に各地で実施されて独立記念日の祝祭の雛形となり、新聞を通して急速に拡大した。一三回の乾杯など、一三の数字が頻出するこの祝祭を報じる新聞記事は全国どこでもよく似通っており、祝祭の均質的な実態を映し出すとともに、その背後にはナショナルな祝祭の推進を図る指導者層の意図も想定しうる。さらに後年、「はじめに」で述べたように三人の大統領が七月四日に死去するにおよんで、この記念日はいっそう神秘的な色彩を帯びることになる。

また前章でも紹介したが、その発行部数の多さや地域密着性から、新聞と同じく重要な活字メディアとして暦《アルマナック》も指摘されよう。革命が進行するにつれて、暦のなかでイギリス国王関連の祝祭が消えてゆき、とりわけ独立宣言後は、以前は西暦に併記されることもあった国王即位時を起点とする年数表記が、一七七六年七月四日を起点とする表記へと変わっていった。さらに新国家の統合を連想させるその表紙絵などか

図 3-7　20歳代末のジョン・ハンコック．著名な画家ジョン・S.コプリーの作(1765年)．上着には，従来インフォーマルだった襟が見える

①ダンラップ・ブロードサイド(1776年7月4日深夜印刷) ②『ヴァージニア・ガゼット』紙(1776年7月26日発行)[複製] ③④独立宣言書(1776年8月2日より署名) ⑤J. P. ジョーンズの大陸海軍大佐任命辞令(1776年10月10日付)[複製] ⑥大陸紙幣2ドル(1777年5月20日決議)

図3–8 種々の原史料にみるアメリカ合衆国の「国号」(その2)

らもうかがえるように、暦の制御とはまさしく「時間の国民化」そのものといえた。

独立宣言と「国号」

さてここで、「はじめに」でも述べた国号の生成に再度、焦点を当てて、この独立宣言のテクストの拡散の過程とともに、さらに詳しく見てみよう(図3-8)。

七月四日深夜、フィラデルフィアの印刷業者J・ダンラップによって最初の独立宣言書、いわゆるダンラップ・ブロードサイドが印刷される。その冒頭部分を切り取ったのが図中の①であり、ほぼジェファソンの草案どおりに印刷されていることがわかる(図0-1②参照)。ただし、このブロードサイドはあくまでも印刷物であって、署名も大陸会議議長のジョン・ハンコックの名が活字で印刷されているのみで、全部で二〇〇―三〇〇枚が刷られたと推定され、うち、現存しているのは二六枚である（一九八九年にペンシルヴェニア州の蚤の市で、わずか四ドルで売られた絵画の裏面からその一枚が見つかり、二〇〇〇年のオークションでは八一四万ドルで落札されている）。

当時、実際に多くの人の目にふれ、また耳に届いた独立宣言文は、現在、国立公文書館に鎮座している羊皮紙のオリジナルのテクストではなく、このダンラップ・ブロードサイドのテクストであろう。独立宣言後、すみやかに各地にこのブロードサイドが届けられ、読み上げられたり、新聞に転載されたりしたからである。最初に独立宣言文を掲載した新聞は、七月六日発行の『ペンシルヴェニア・イヴニングポスト』紙とされるが、時系列から明らかなように、これもダンラップ・ブロードサイドを転載している。ただし大文字・小文字の区別までは正確に写しておらず、これらを比較的忠実に写した新聞に、七月二六日発行の『ヴァージニア・ガゼット』紙がある（図中の②）。

当局からの印刷の指示をそのまま記した新聞の冒頭部を引きたい。「印刷業者は、各々の発行する新聞において、名誉ある大陸会議の作成した独立宣言を公表すること。また本共和国〔ヴァージニア〕各郡の保安官は、同宣言を落手してから最初の開廷日に、郡庁舎の扉の前で、同宣言を布告しなければならない」。まさにこのような形で、ダンラップ・ブロードサイドのテクストが広まったといえよう。

もっとも、われわれが最もよく知る独立宣言のオリジナルは、前述のように現在、国立公文書館のホールに展示されている羊皮紙の一葉である。このオリジナルの独立宣言書は、投票を棄権していたニューヨーク邦代表が独立に賛成して「全会一致」となった後に、正式の文書作成の決議を経て手書きで清書されたものだが、その文章はダンラップ・ブロードサイドのものとはやや異なっている。文中に登場する語(図中の④)については同じであるが、冒頭に置かれた国号相当の語には「一三の」の文言が加えられている(図中の③)。

そもそも一七七六年七月の独立宣言は、先述のように一三の植民地が一緒に独立を宣言したのであって、必ずしも一つの統一国家を創るという明確な意図は認められず、それゆえ新「国家」の名称は明示的ではなかった。この③の表記は、それを如実に表していると考えることもできよう。なお、このおよそ二カ月後、上述のジョン・ポール・ジョーンズに対して大陸会議が与えた海軍大佐への任命辞令に登場する「国号」は、「ユナイテッド・ステイツ・オブ・ノースアメリカ」であり、「オブ」以降の揺らぎが認められる(図中の⑤)。

さて、オリジナルとして現在、確固たる地位を占める羊皮紙の独立宣言書は、作成された当時は人の目にふれることはほとんどなかったと考えられる。なんとなれば、巻かれた状態で保管されていたからである。そのため、早くから下側の署名の部分がダメージを受け始めていたらしい。一七七七年一月には大陸会議の指示で、独立宣言の二度目の印刷・配布がおこなわれ、今回は「署名者」たちの名が記載された。ただし、オリジナルの署名も含めて、羊皮紙に書かれた文書の様相が具体的に知られるようになるのは、一八二三年にオリジナルと寸分違わぬコピーが作られて以降といってよいかもしれない。その経緯については、次章の最後にふれたい。

邦憲法と連合規約の制定

革命推進の中枢たる大陸会議の独立宣言を受けて、その年から翌一七七七年にかけ、多くの邦が邦憲法（州憲法）を制定した。当初は戦闘地域が限られており、各邦には邦憲法制定の時間的余裕があったのである（ただし、革命終結までに改定されたものも多い）。邦憲法は、植民地時代に付与された特許状など、成文法による統治の伝統を下敷きとしつつ、統治に関する条項と、人権に関する条項――いわゆる「権利章典」――の二部から構成される場合が多かった。

通常の議会で作った邦憲法の批准に失敗したマサチューセッツ邦は、改めて憲法制定会議を開いて制定しなおし、批准を勝ち取った。これが各邦にとって一つのモデルとなり、さらには邦レベルで生み出された斬新な政治技法や概念などは、のちの連邦憲法、すなわち合衆国憲法にも受け継がれてゆく。

こうして各邦がそれぞれ最高法規に裏づけられた政府を有するようになると、超法規的存在ともいえる大陸会議の権威は低下することとなった。大陸会議は一七七七年末、自らに確固たる法的正当性を付与するため「連合規約」を制定し、これが、最初の連邦憲法ともいうべき存在となる。連合規約は全一三条からなり、第一条には「本連合の名称」を「ユナイテッド・ステイツ・オブ・アメリカ」と定めるとの条文が置かれた(図0-1⑤)。これによって国号が正式に確定したともいえるが、「はじめに」で述べたように、その実態はいまだ「アメリカ合衆国」と訳すには程遠く、依然として「アメリカ連合諸邦」と解するべきであろう。

連合規約では、大陸会議は「連合会議」と改められ、連合会議は各邦の主権を認めて、これまでどおり各邦一票の方式を採用し、重要な決議は九票の多数決とした。連合会議はまた、戦争を含む外交の権限を有すると規定されたが、対外通商・邦間通商の規制権はなく、さらに課税権も与えられておらず、財政は各邦の拠出金に頼る仕組みであった。こうした性格から、連合規約は一三邦の軍事同盟にすぎないとみなす向きもある。強力な本国政府から独立を勝ち取るべく戦っている人々にとって、新たに強力な中央政府を創ることには強い違和感があったといえよう。

連合規約の発効には全邦の批准が求められたため、三年以上もの年月がかかることになった。結合力の弱い集塊ゆえに、枠組みの崩壊を防ぐには全構成員の一致が必要とされたのである。つまりこの場合、多数決が機能しない、すなわち賛同しない邦を従わせるほどの強制力を一三邦の枠組みが持ちえなかったといえる。

とりわけ各邦間では、西部の土地の帰属をめぐって対立が生じた。植民地時代の特許状などで西方の境界が明確に定められていなかった邦は、自邦の南北の境界線を緯度に沿ってさらに西に向かって伸ばそうとし、もしその主張が認められれば、あたかも星条旗のストライプのごとく細長い各邦の領域が、大陸を覆うはずであった。一方、西方の境界が明記されていて、それが不可能なメリーランドなどの邦はこれに強く反対した。最終的に、西方領土はすべて大陸会議が管轄するという方向で合意が形成され、一七八一年に全邦の批准が成立した。以後、大陸会議は晴れて連合会議と呼ばれることになるが、その権限の脆弱さは、問題として尾を引くことになる。

ともあれ連合規約の成立によって、「ユナイテッド・ステイツ」の語をその正式名称に含む連合会議において、議長は字面上、「ユナイテッド・ステイツ」のプレジデントとなった。つまり、「合衆国大統領」と同じ語句の並びである。そもそも「プレジデント」の語自体は、およそ「長」を意味する普通名詞であり、その後に付す語によってその性格は規定される。原語の字面だけ見れば、ワシントン以前に「合衆国」の「プレジデント」が存在したことになり、その最初がメリーランド選出のジョン・ハンソンとの俗説もある。実際、ワシントンも自身を初代のプレジデントとは考えていなかったともいわれる。

しかしいうまでもなく、ワシントン以前のプレジデントは大陸会議・連合会議の「議長」にすぎず、全員で一四名を数える（二名が再任しているため、最後の議長は第一六代）。大陸会議の議長は大陸会議議員の互選によって選ばれる議会内の役職であり、行政上の大きな権限を持つわけではなく、いわば一種の名誉職といえた。つまり大統領ではなく、あくまでも議長なのである。

ただし、第四代議長のハンコックが最長期の二年半弱にわたって同職を務めたことに見られるように、当初、議長職に任期は定められていなかったが、連合会議の時代に入ると、連合規約第九条の規定により、議長の任期は最長一年となった。そして議長職は、連合会議の求心力の低下と軌を一にするかのように、いわばルーティン化してゆく。前述の第九代議長ハンソンは、連合規約下で選ばれた「プレジデント」としては初めて、定められた議長の任期、すなわち一年間を満期、務め上げたのである。もっとも彼も任期途中で辞任しようとしたが、権威の低下していた連合会議では議長選出の定足数を満たすのが難しく、考え直したという。やはり最初の合衆国大統領は、ワシントンなのである。

3　独立戦争の展開と建国神話の生成

北・中部での前半戦

このように政局が目まぐるしく展開する一方で、革命の帰趨は戦局によって左右されたといえる。軍事面からすれば、独立革命とは寄せ集めの一三邦が、当時最強のイギリス軍に果敢に挑んだ戦い、つまり独立戦争にほかならない。両者の力の差から見て、アメリカ側が軍事的に勝利を収める可能性は必ずしも高いとは思われなかったが、軍事的勝利なくして、革命の成功は見込めなかったのである。大陸軍はにわか作りで、その規模は平均して一万人前後、常に兵員や物資の不足に悩まされ続けた。他方、本国は一八世紀中最大規模の軍を動員し、さらにドイツからも傭兵部隊を送り込んだ。

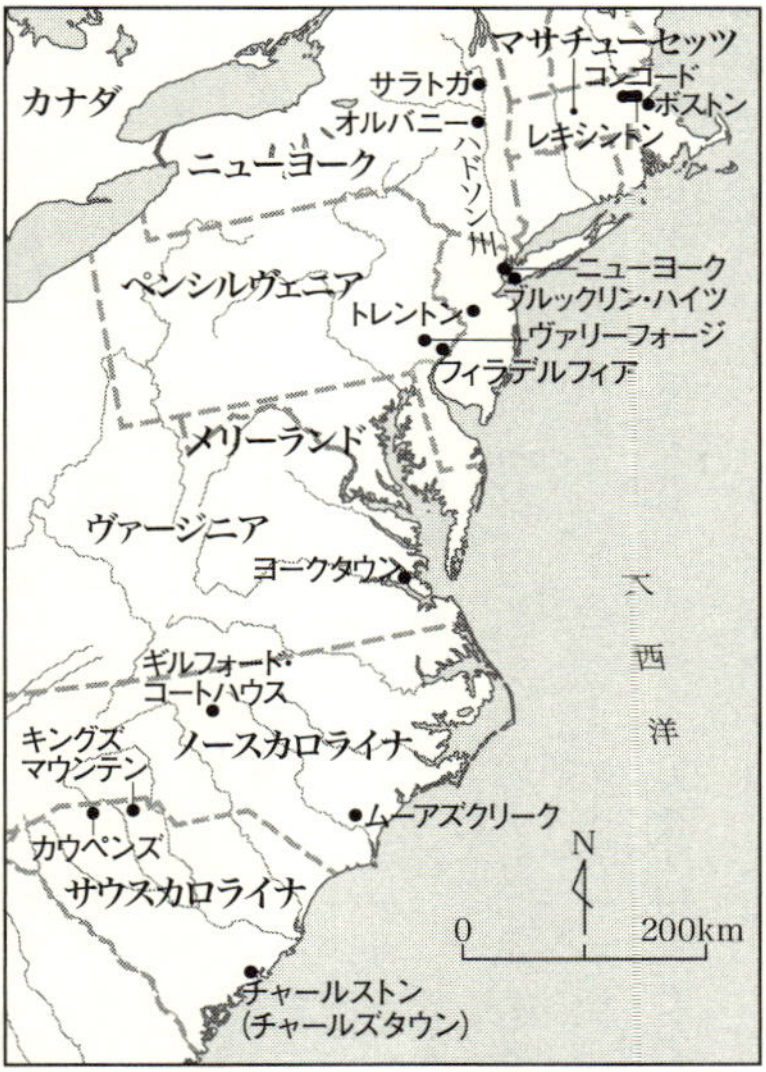

図 3-9　独立戦争の主要な戦場

戦いの前半戦は、北部・中部が舞台となった。独立宣言が発せられたのち、イギリス軍の大部隊がニューヨーク市に上陸した(図3-9参照)。平地での戦いに不慣れなワシントンが指揮する大陸軍はこれに対峙したが、敗北を喫した。北米でも人気の高かったハウ兄弟による休戦交渉も失敗に終わり、ニューヨーク市には以後、戦争終結まで英軍が常駐することになる。大陸軍は荒天も幸いし、英軍の追撃をかろうじてかわしてペンシルヴェニアまで退却した。その行軍のなかに兵士として自ら身を置いていたトマス・ペインは、新たなパンフレット『アメリカの危機』の第一号――終戦までに計一六篇が書きつがれた――を上梓している。

同年のクリスマスの夜、大陸軍は凍てつくデラウェア川を渡ってドイツ人傭兵部隊を急襲し、退却が続くなかで貴重な勝利を勝ち取った(トレントンの戦い)。この渡河作戦を前に、ワシントンの命令で読み上げられたという『アメリカの危機』第一号は、「今こそ人間の魂にとって試練の時である」(小松春雄訳)と説いて兵士たちを勇気づけた(オバマ大統領も第一期の就任演説でこのパンフレットの一節を引き、国民に忍耐と団結を訴えた)。なお、この戦いでのアメリカ側の人的被害はわずかであったが、負傷者のなかには、のちに第五代大統領となるジェイムズ・モンローも含まれていた。

一方、新たにケベック方面のイギリス軍の指揮を任されたジョン・バーゴインは、一七七七年六月、カナダから英軍を率いてニューヨーク邦のオルバニーに向けて森林地帯を南下する作戦を決行する。ニューイングランドを他地域から分断する狙いであったが、総司令官ハウの率いるニューヨーク市駐留の英軍は、大陸会議が居を定める首府フィラデルフィアを攻略する作戦を優先した。バーゴインは「ジェントルマン・ジョニー」とも呼ばれた洒落者で、愛人も連れ、私物を満載した馬車で進軍したため歩みは遅く、彼はニューヨーク市から北上するハウの援軍を期待できないまま、最終的に一〇月、サラトガの戦いで敗れ、アメリカ側が大きな勝利を手にした(ロンドンのウェストミンスター寺院の回廊で眠る彼の墓の上に、大きなゴミ箱が置かれているのを、かつて著者は目にしたことがある)。

この戦いで大陸軍の総指揮を執った元イギリス軍士官のホレイショ・ゲイツは、一時、大陸会議から高い支持を得ることとなり、ワシントンに代えて総司令官に推す動きもあったといわれるが、のちに南部での戦いで敗走し、一挙に信頼を失う。またサラトガで活躍したベネディクト・アーノルドは、自身が正当に評価されないことなどから不満を募らせ、やがてイギリス側に寝返って裏切り者の烙印を押されることになる。

サラトガの勝利に沸く一方で、主力軍を率いてハウと対峙したワシントンは首府フィラデルフィアの防衛に失敗し、大陸会議は別の地に脱出せざるをえなくなった。この一七七七年から七八年にかけての冬、ワシントン麾下《きか》の軍はフィラデルフィアから少し離れたヴァリーフォージで冬営し、寒さや物資不足に苦しみながらも、義勇兵として加わったプロイセンの軍人シュトイベンらの力も借りて、部隊を立て直した。このヴァリーフォージの名はアメリカ人の不屈の精神の象徴として、のちにさまざまな逸話で称えられることになる。

シュトイベンのほか、アメリカ側に身を投じた義勇兵として、フランスの貴族ラファイエッ

図 3–10　独立戦争で活躍した 4 人の外国人の像．ホワイトハウス北に隣接するラファイエット広場の四隅に置かれている．19 世紀末から 20 世紀初頭にかけて建立された．左から，ラファイエット，ロシャンボー，コシチューシコ，シュトイベン

ト、ポーランドの軍人コシチューシコらがいる。ワシントンは外国語を話さなかったが、彼ら外国人士官を信頼し、重用した(図3–10参照)。アメリカ独立戦争は、とりわけ士官クラスの軍人にとって、まさに環大西洋的な軍事的モメントを意味したのである。

フランス革命でも活躍することになるラファイエットは、のちにパリのバスティーユ監獄の鍵をトマス・ペイン――『コモン・センス』の仏語版などでフランスでも有名となり、同国で革命に参画した――らを通じてワシントンに送っており、この鍵はマウントヴァーノンのワシントンの邸宅に今日まで保管されている。もしフランス革命でパリが外国軍によって陥落したならば、革命は潰え去ってしまったであろうが、アメリカではイギリス軍は首府を占領したものの取り立てて大きな成果が得られず、バーゴインを助けられなかったハウは辞任して、英軍は一七七八年にニューヨークに撤退し、大陸会議はフィラデルフィアに戻った。

サラトガの戦いの勝利は、アメリカを取り巻く国際関係を一変させた。イギリスに対抗し、七年戦争の復讐を狙うフランスは、アメリカ側の軍事的な実力を認識するとともに、これによってイギリスが和平へと傾くことを恐れた。フランスに派遣されていたフランクリンの宮廷での活躍もあって、一七七八年、フランスは友好通商条約と同盟条約をアメリカと締結した。

同じブルボン朝のスペインもフランス側に立ってイギリスに宣戦布告したが、新大陸に有する広大な植民地への影響を恐れ、アメリカとは直接、同盟を結ばなかった。オランダは早々とアメリカ独立を認めてイギリスと対峙し、またロシアでは、夫のピョートル三世を宮廷クーデタで廃して帝位についていたエカテリーナ二世が一七八〇年、武装中立同盟を提唱した。スウェーデン、プロイセンなどのヨーロッパ諸国もこれに参加し、イギリスはヨーロッパで孤立して、外交的に厳しい状況に置かれることになる。

南部での後半戦

独立戦争の後半戦は、おもに南部が舞台となった。本国側は南部には忠誠派が多く潜在していると考え、イギリス軍が向かうことでその勢力を顕在化させ、この地域を分断して支配下に置こうとしたのである。忠誠派が多いとの見込みは正鵠を射てはいなかったものの、一部地域では愛国派と忠誠派の地域住民どうしによる内戦の様相を呈することになる。

一七八〇年五月、アメリカ側はサウスカロライナのチャールストンで惨敗を喫するが、同年一〇月に南部の奥地、南北カロライナの境界付近で勃発したキングズマウンテンの戦いで勝利を収める。近隣の奥地・山間部から民兵が続々と集結し、「オーバーマウンテンマン」と呼ばれた彼らが中心となって英軍を取り囲み、山頂に追い詰めて撃破したのである。この勝利は久々の朗報として、アメリカ側に士気の高揚をもたらした。翌一七八一年一月には、キングズマウンテンから遠くないカウペンズで、悪名高い英軍のバナスタ・タールトン――降伏した兵を容赦なく殺害した――の騎兵隊などを、ライフル隊を率いて有名なダニエル・モーガンが打ち破った。

当時の銃は銃口から弾を込める先込め式で、点火は火打石式、銃身の内側に溝のないマスケット銃がおもに用いられていた。二列程度の戦列を組んで向かい合って交互に一斉射撃をし、その後、銃剣突撃をおこなうのが一般的であったが、銃身に螺旋状の溝を刻んで命中精度を高めたライフル銃も実戦に投入されたのである。

同年三月には、南部方面の大陸軍を指揮するナサニエル・グリーンと、英軍を率いるチャールズ・コーンウォリスが正面から激突する。両者の「決闘」ともいうべきギルフォード・コートハウスの戦いである。グリーンのいわば肉を切らせて骨を断つ巧みな戦術により、形の上ではイギリス軍に勝利を譲ったが、同時に甚大な被害を与えた。この戦いの報を受けた本国のある政治家は、あまりにも割に合わない勝利（いわゆる「ピュロスの勝利」）だと嘆いたという。

指揮を執ったグリーンは平和主義を重んじるクエーカー教徒であったが、ワシントンの信任が厚く、敗走したゲイツの後任として南部方面軍を任されて活躍し、「戦うクエーカー教徒」と呼ばれた。これら南部での一連の戦役の結果、コーンウォリスのイギリス軍はヴァージニアのヨークタウンに入り、川を背に陣を構えることとなった。

イギリスの艦隊はニューヨークから援護に向かったものの、西インド諸島から北上してきたフランスの艦隊に阻まれ、英軍の海への脱出は不可能となった。さらにワシントン指揮下の主力軍が、一七八〇年に来援していたロシャンボーのフランス軍とともに密かに南下し、戦場に急行して英軍を囲んだ。この攻囲戦のさなか、ワシントンが信頼を寄せるアレグザンダー・ハミルトンは、イギリス軍の砦の一つを攻略する命がけの任務を引き受け、成功させている。

追い詰められたコーンウォリスは降伏し、ヨークタウンの戦いはアメリカ側の大勝利に終わった（図3-11参照）。サラトガの戦いのちょうど四年後、一七八一年一〇月半ばのことであった。伝説によれば、降伏時、イギリスの軍楽隊は「世界がひっくり返った」というイギリスのバラッドを演奏したという。

この戦いにより、独立戦争全体の趨勢がほぼ決した。イギリス側は戦争終結後をにらんで、

図**3-11**　夕日に映えるヨークタウン戦勝記念碑の上部．碑の建立は戦いの直後に連合会議によって決議されたが，完成したのはおよそ100年後

アメリカに寛大な条件で講和を結ぶべく、フランス側には内密に、フランクリンらアメリカ側の使節とパリで交渉を開始した。一七八二年、両者間で単独講和の予備条約が成立し、翌八三年、正式にパリ条約が調印された。この条約でイギリスはアメリカの独立を認め、ミシシッピ川以東の領土を割譲した(巻頭地図参照)。同年には、イギリスとフランス・スペイン間で条約(ヴェルサイユ条約)が結ばれ、フランスはイギリスから若干の領土を得たが、莫大な戦費に見合うものではなく、これがフランス革命の遠因の一つともされる。一方、スペインはイギリスからフロリダを取り返した。

パリ条約調印を受けて、一七八三年一一月二五日、イギリス軍はニューヨーク市から撤退し、以後、この日はニューヨークの記念日となる。この地に住んでいた多くの忠誠派の人々も、カナダなどに脱出した。

また、ワシントンは総司令官を辞任し、大陸軍は最小限の兵力を残して解体されることになった。当時、連合会議が居を定めていたメリーランド邦アナポリスで行われた辞任の式典は、生きながら神格化の途上にあったワシントンよりも、文民たる連合会議の権威が上位にあることを示す儀式でもあった。かくも見事な引き際を見せたワシントンは、皇帝になったナポレオンとは大いに異なり、決して王になろうとはしなかったのである。

記念碑の語る独立革命

さて、ここで改めて、独立戦争の古戦場に今も立つ記念碑に注目し、独立革命の持つ意味の一端を探ってみよう。アメリカを「最初の国民国家」にカテゴライズしたアンダーソンは、国民化のための装置として出版メディア(「出版資本主義」)の歴史的役割を重視したが、より耐久的、永続的な記憶装置こそ記念碑にほかならない。それは史跡という景観に刻み込まれた記憶、すなわち公的記憶の結節点・表出点であると同時に、公的記憶を再生産・変容させる装置ともいえる。

つまり記憶は単に再現されるのではなく、再構成される。そしてそこには記念日を中心とする記念行事など、種々の記念・顕彰行為《コメモレイション》＝「ソフトウェア」が関わっており、このようなソフトや、記念碑そのもの＝「ハードウェア」の分析を通じて、ある特定の歴史事象に対する人々の意識の変化、記憶の形成過程を広く読み解くことが可能となる。

独立戦争後半の舞台となった南部に注目すると、主要な戦闘はおよそ一〇あり、そのなかで

図 **3-12**　スロカム記念碑（1907 年建立）．前方にはスロカム夫妻の墓がある

もまず、南部における独立戦争「最初」の戦いとされるムーアズクリーク橋の戦い(一七七六年二月、ノースカロライナ州沿岸部)に焦点を絞れば、当該の戦跡に立つ記念碑は六点確認できる(著者の調査時)。実際の戦闘は短時間で愛国派が勝利を収めた小規模なものだが、たとえばスコットランド史にその名を轟かすフローラ・マクドナルド――イギリス王位をめぐる一七四六年のカロデンの戦いでジェイムズ二世の孫、若僭王チャールズ・ステュアートを助けた英雄的女性――も夫や息子とともに、忠誠派としてこの戦いに加わっている。

ここでは一点の記念碑、スロカム記念碑を取り上げたい(図3-12)。その台座の左側面の碑文によれば、メアリー・スロカムとは「最も栄誉ある名」であり、「彼女の英雄的行為と自己犠牲は歴史のなかで高く評価され、のちの世代に真の愛国主義と祖国愛を目覚めさせるだろう」と称えられている。

伝承によれば、夫が戦いで負傷する夢を見た彼女は、馬に乗って約一〇〇キロの道程を戦場へ向かったとされ、この「メアリー・スロカムの疾駆」は、ポール・リヴィアの疾駆を彷彿とさせる。彼女の伝説が初めて公にされ、地域に拡散したのは一九世紀半ばになってからだが、碑の前の墓で夫とともに眠る彼女の実在自体は疑いようがない。だが今日、彼女の疾駆を証す確固たる証拠は見出せていない。

一方、彼女は独立のためにともに苦労した地元の女性たちを表象する存在でもあり、彼女の像の台座右側面の碑文はその証左となろう。いわく「彼女らの子どもたちが立ち上がり、彼女らを祝福する」と。独立革命の歴史のなかであまり語られることのなかった女性の愛国的貢献が、このように一九世紀と二〇世紀の交に「発掘」され、大地に刻み込まれたのである。

じじつ、独立戦争においては兵士の妻など、民間の普通の女性もしばしば軍隊内に組み込まれて部隊とともに移動しており、一種の動く都会ともいえる近世の軍隊で女性が果たした非軍事的役割については、ようやく近年、学問的に注目されるに至っている。亡き夫に代わって大砲を撃ったモリー・ピッチャーなどの女傑伝説とは別に、銃後での貢献も含めて、女性と独立戦争に関わるさまざまな史実は、おそらくは地域の集団記憶のなかで茫漠とした形で保持・伝承され、記念碑に結実したとも考えられよう。

ここでもう一点、先述したキングズマウンテンの戦いの記念碑を見てみよう。この古戦場には計一一点の記念碑が確認できるが、一八一五年の最初の大規模な記念祭で建立されたクロニクル記念碑(図3-13)は、戦死したアメリカ側の兵士四名(ウィリアム・クロニクル少佐ほか三名)を顕彰したもので、合衆国で二番目に古い戦場碑とされる。碑の建立から幾星霜、風雨による摩耗で碑文が読みにくくなったことから、その再録のために右に新たに碑が立てられている。

顕彰されたこの四名は、出身地が同じであることから気心の知れた友人同士と思われ、彼らはともに戦死し、この碑に刻まれたことによって、その名のみを後世に残したといえる。次章で述べる一八一二年戦争のナショナリズムの高揚のなかでこの古い碑が立てられたとき、それは先の対英戦での戦功を称える記念碑《モニュメント》としての色彩が濃かったことは想像に難くないが、この碑の前に佇むと、むしろ死んでいった親族・友人を悼む慰霊碑《メモリアル》であるかのごとく感じられる。じじつ、碑の建立に際して、古戦場の地表に散乱していた身元不明の兵士たちの遺骨が数多《あまた》拾い集められ、埋葬しなおされたという。今日、その埋葬場所はもはや定かでないが、この碑は、いわば無名戦士の墓標ともなっているのである。

図 **3–13**　クロニクル記念碑．左の「オールド・モニュメント」は 1815 年建立，右は 1914 年建立

　このように記念碑に映し出されたアメリカ独立戦争は、南北戦争やベトナム戦争などと異なり、誰からもどこからも異論の出ようのない「正当」な存在であるがゆえ、国民統合の装置、

スタビライザーとして機能した。独立革命を称え、その歴史に自らの存在を位置づけることこそ、地元——たとえば南部など——や、マイノリティ——女性など——の勢力が、アメリカ社会のメインストリームへと合流する効果的な手段であった。

そして彼／彼女らの顕彰活動によって、地域の「英雄」や名もなき女性の「活躍」が、虚実織り交ぜて記念碑として大地にその姿をとどめることとなったのである。そこには、建国の史実が再生産・再記憶され、この国を存続させるに不可欠な「伝統」が創られるメカニズムが見て取れる。これらの記念碑はこれからも、合衆国があるかぎり忘れ去られることなく、建国の物語を語り続けるにちがいない。

変容する経済と社会

独立革命は政治・制度にとどまらず、むろん社会・経済にも大きな変化をもたらした。まずは経済面からみてみよう。

独立革命期には大陸会議が戦費等の調達のため、大量に紙幣を発行した。ドルの額面を持つ大陸紙幣である(たとえば図3-14上・左下)。政府紙幣たる大陸紙幣は理論上、銀行券以上に増発の性向を有し、しかも大陸会議が直接的な課税権を有しないことから、納税時の回収、還流が見込みにくく、納税に使用可能である旨の特記もない(大陸紙幣の発行停止後に連合会議が出し

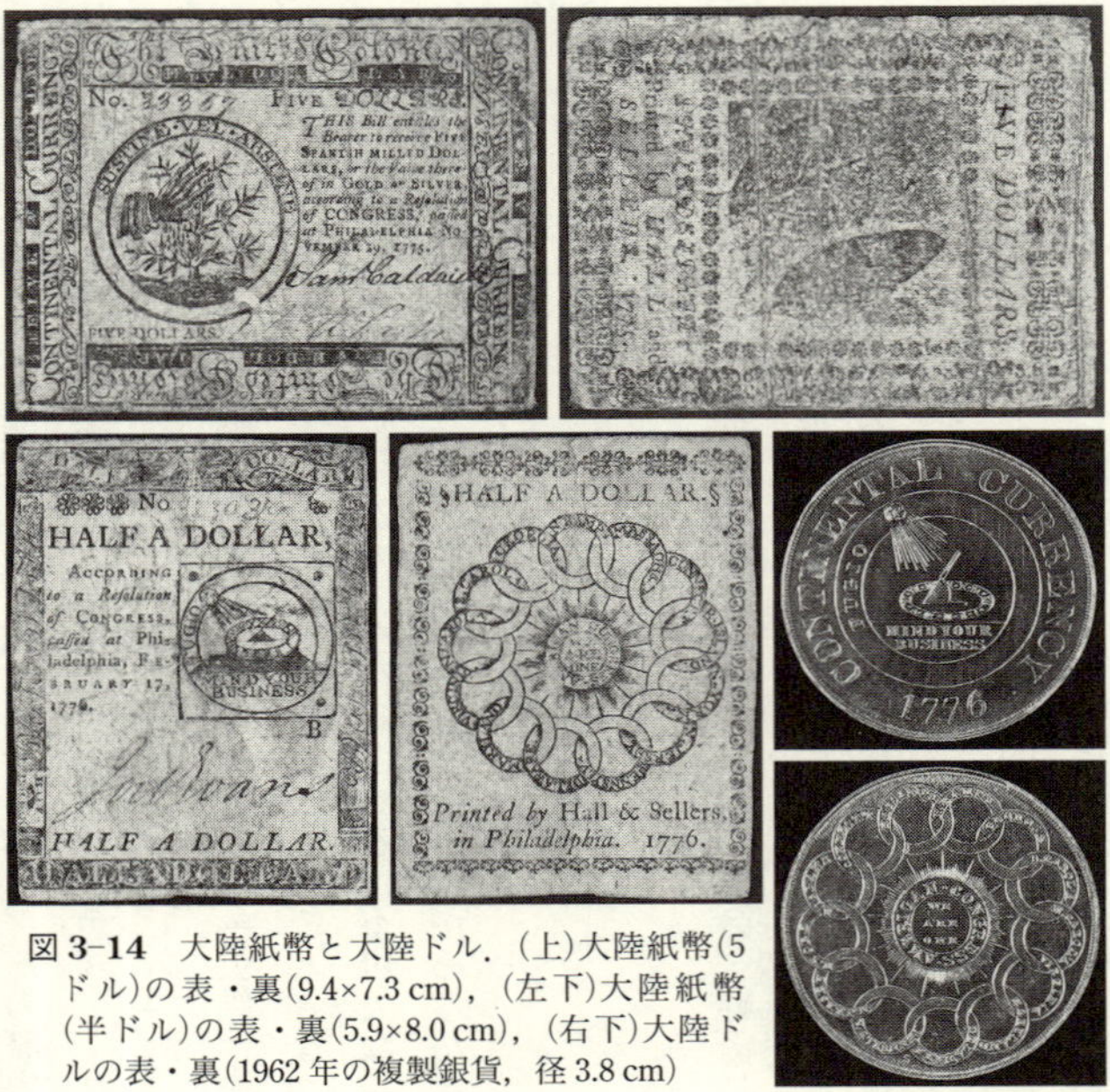

図 **3–14**　大陸紙幣と大陸ドル．(上)大陸紙幣(5ドル)の表・裏(9.4×7.3 cm)，(左下)大陸紙幣(半ドル)の表・裏(5.9×8.0 cm)，(右下)大陸ドルの表・裏(1962 年の複製銀貨，径 3.8 cm)

たいわゆるインデント公債には当該の表記が見える)。したがって広く大陸大に信用を得るために、一部の小額紙幣を除く大陸紙幣の表面には、正貨相当との兌換が明記されていた。

古色がかった紙幣を実見すれば、「持参人はスペインドル、もしくはそれと同価値の金か銀を受領できる」との文言が読み取れる。しかし正貨準備も不足し、実際に有効な策も講じられず、当然ながら大陸紙幣は不換紙幣として大幅な減価を被ったのである。

スペインドル(八レアル銀貨)

が兌換対象とされたことからも、前章で述べたようにイギリス本国の金銀貨以上に、八レアル銀貨とその補助貨幣が植民地人にとって身近な存在だったことがわかる。そしてこの八レアル銀貨をまねて、少量ながら硬貨、いわゆる「大陸ドル」も造幣されており、大陸紙幣（一ドル札）との代替・兌換が試みられたと考えられる（図3-14右下）。このコインの意匠は表裏ともに、フランクリンがデザインした一七七六年発行の大陸紙幣（図3-14左下）から採られたもので、一三植民地の団結を表象する鎖の輪のエンブレムを有する裏面には「われらは一つ」のモットーが刻まれている。

このようにアメリカドルは、近世大西洋世界の基軸通貨ともいえるスペインドルから誕生したといえよう（ただし最初にドルを額面単位とする紙幣を発行したのは、一七六七年のメリーランド植民地とされる）。

そして六分の一ドルから八〇ドルまでの額面を持つ大陸紙幣に記されたモットーとエンブレムを総体として読み解くと、次のようなストーリーが浮かび上がってくる。今の苦しい時期をともに耐え忍び、正義のおこないを為すならば、やがて勝利がもたらされ、繁栄が訪れる、と。じじつ、革命の進行に伴って発行された高額紙幣には、当初の悲壮な色調に替わって、楽観的なメッセージが見られるようになるのである。

この大陸紙幣には、当時としては最先端ともいえる種々の偽造対策が盛り込まれていた。亜麻の古着等を原料として作られた紙料に青い糸屑や雲母片をいっしょに漉き込み(混抄)、さらに異なるインクを用いて二名が署名するなどした。そしてとりわけ興味深いのが、裏面に施されたネイチャー・プリントである。これはフランクリンが発明したとされる、まさにアメリカ独自の技法であり、その枢要は天然の植物の葉を用いて鋳型を作るという点で、これによって二つと同じ鋳型は存在しないことになる。たとえば五ドル札の裏面を見ると、サルビアのたぐいの葉のネイチャー・プリントが施されているのが確認できる(図3-14右上)。

一方、イギリス側は経済の攪乱を狙って組織的な偽造をおこなったとされ、当時、かなりの偽札が市場に流れ込んでいた。むろん真札も大量に印刷されており、大陸紙幣の価値は暴落していった。大陸紙幣の発行は一七八〇年四月に停止されたが、その後も市場での下落は続き、最終的に一七九〇年の決議で、一%の価値の国債と交換することが定められたのである。今日、「何の値打ちもない」の慣用句(「ノット・ワース・ア・コンチネンタル」)に大陸紙幣を意味する語(コンチネンタル)が用いられているのも故なしとしない。

では、大陸紙幣には「国号」相当の語はどのように記されているのだろうか。「はじめに」で述べたように、最初は「ユナイテッド・コロニーズ」の語が用いられたが(図3-14左上)、連合規約採択よりも数カ月前に「ユナイテッド・ステイツ」の語が登場し(図3-8⑥)、この表現を広く人々が目にする状況が作り出されたと思われる。そして最後の決議による発行分には

「ユナイテッド・ステイツ・オブ・ノースアメリカ」と記され、ジョーンズの任命辞令（図3-8⑤）と同様の表記となっている。革命の財政を個人信用で支えた愛国派の大富豪、ロバート・モリスが一七八二年に開行したのも「北アメリカ銀行」である（この銀行は最初の中央銀行のごとき存在であったが、短期間でその機能を停止した）。

独立革命はまた、社会面で大きな変化を導いた革命でもあった。各邦では政教分離と信教の自由が推し進められてゆき、さらに人々が軍事行動にさまざまな形で参加することで、社会の平等志向が惹起された。第一章でふれた「敬意の政治」による社会秩序が衰え、白人男性納税者全体への参政権拡大の動きがみられた。

ただし、女性については事情が異なっていた。白人女性も軍事行動への間接的貢献は認められたものの、参政権は言うに及ばす、既婚の場合は依然として財産権もなく、革命による変化は見出しにくかった。ニュージャージー邦では一時、邦憲法の条文の文言「全住民《オール・インハビタンツ》」が女性を排除していないと解釈され、寡婦など、財産資格を満たした一部の裕福な女性が実際に参政権を行使する状況も生じたが、一九世紀初頭に文言が「自由白人男性」に変更され、女性の参政権は否定された。

のちに第二代大統領となるジョン・アダムズの妻、アビゲイル・アダムズは夫に対して女性の権利に配慮するよう説き、フェミニズムの先覚者の一人とされる。だが独立後のアメリカにおいて女性は「共和国の母」として、有徳の市民を家庭で育てる母親の役割が強調されたのであり、これをいわゆる母性主義フェミニズムの一例とみなすこともできる。

黒人についてはどうだろうか。独立戦争において、まずイギリス側が彼らを忠誠派の兵力として利用した。愛国派側は最初、反乱を恐れて武器を与えることを躊躇したが、やがて彼らを動員し、最終的にアメリカ側の全兵力の一・六%程度を占めるに至った(その多くは自由黒人であった)。彼らは白人の部隊に配属されたが、黒人のみの部隊を編成した邦も見られた。戦後、数万人ともいわれる忠誠派の黒人はカナダ・西インド諸島の英領植民地などに移動する一方、愛国派側の黒人兵士には自由が与えられることもあった。また戦争中にプランテーションから逃亡して、自ら自由を手にした奴隷も多かった。

奴隷の輸入に関しては、革命中にイギリスからの輸入を断つ目的もあって、各邦で奴隷貿易の禁止ないし停止の方針がとられた。その後、輸入を再開した邦(州)もあったが、一八世紀末までには禁止・停止された(密貿易はおこなわれていた)。奴隷制そのものは、一七八〇年にペンシルヴェニア邦でその漸進的廃止が決まるなど、ニューイングランドや中部では一八世紀末頃までに廃止の方向へ向かっていったものの、奴隷に依存していた南部ではそれは困難であった。全国レベルでの奴隷制廃止は南北戦争を待たなければならない。

先住民は独立戦争中、多くがイギリス側について辺境地域でアメリカ側と戦った。このため、戦後、アメリカ人のさらなる西部進出に拍車をかける結果となった。たとえばモホーク族はジョセフ・ブラント（タイエンダネギー）をリーダーとしてアメリカ側と戦ったが反撃にあい、居住地を蹂躙《じゅうりん》されたイロクォイ連合の勢力は衰えた。南部のケンタッキーでは、初期の西部開拓者として有名なダニエル・ブーンの一隊が、英軍と組んだ先住民と交戦している。

建国神話の生成

ここで話題を変えてみたい。南北戦争以前のアメリカ史において、すぐに思い浮かぶ人物といえば誰であろうか。ワシントン、フランクリン、リンカン……？　それでは政治家や軍人を除いてと言われたら？　ここに一つの興味深いデータがある。ニューヨーク州立大学教授のM・H・フリッシュが、一九七五年から八八年にかけてアメリカ史概説のクラスでこの二つの質問——すぐに思い浮かぶ一〇名——を学生に問い、その結果を集計したものである。

最初の問いに対する反応は、いわば予想どおりといえよう。第一位がワシントン、次いでリンカン、ジェファソン、フランクリン……といった具合である。しかしながら、第二の問いに対する回答は、少なくともわれわれ日本人にとっては、かなり意外なものといえる。すなわち第一位がベッツィ・ロス、次がポール・リヴィア、さらにジョン・スミス、ダニエル・ブーン、コロンブスなどとなっている。

本章でふれたポール・リヴィアが二位、そして第一章で述べたポカホンタスも一〇位以内に顔を出し、関連のジョン・スミスも登場するが、コロンブスなどを除いて、一般に聞きなれた名前とはいえない。これはたとえば、一般のアメリカ人が日本史のフォーク・ヒーローについて、おそらくはまったく無知であるのと同様の事態ともいえよう。

ここでは第一位の人物、すなわち最初の星条旗を作ったとされるベッツィ・ロスを取り上げ、なぜ彼女がかくも人気を得ているのか、詳しく見てゆくことにしたい(ちなみに一九九〇年代初頭のニューハンプシャー大学での調査では、ほぼ同じ結果が得られたとされるが、二〇〇四年のハーヴァード大学での調査では、一位はリヴィア、ベッツィは七位となり、若干の変化の兆しがみられる)。図3-15のティーセットからもわかるように、ベッツィ・ロスとポール・リヴィアの両者はアメリカ「建国神話」のいわば中枢に位置しており、その歴史的展開はナショナル・アイデンティティの形成過程そのものといえるからである。

図 **3–15** アメリカ建国 200 周年を記念して 1975 年にイギリスでエノク・ウェッジウッド社が製作. 砂糖入れにはベッツィ・ロス, クリーム入れにはポール・リヴィアが描かれている

そもそもアメリカ合衆国の国旗、星条旗《スターズ・アンド・ストライプス》の誕生の経緯については、じつのところ謎めいた部分が多い。星条旗のプロトタイプは、独立革命初期に作られた「大陸旗」で、左上の部分(カントン)にイングランドとスコットランドを表象する十字の組み合わせをあしらい、一三本の赤と白のストライプを持つ。このストライプのデザインは、革命組織「自由の息子たち」の九本縞の旗に倣ったといわれる。「はじめに」で述べた大陸軍のモイラン――「ユナイテッド・ステイツ・オブ・アメリカ」の語を最初に用いたとされる――も、この大陸旗の掲揚を目にしてインスピレーションを得て、直後に手紙でこの語を使用した可能性がある。

図 3-16　連合会議によって 1782 年に定められた国璽．両面ある

　しかし、イギリス人意識が一三植民地を相互に結びつけていた状況を如実に示すこの旗の意匠、とりわけカントンのデザインは独立宣言後、不評となり、新しいデザインが求められたものの、その決定は先送りされる。当時、国旗は必ずしも国家のアイデンティティ確立に不可欠なものとされておらず、むしろ国璽(図3-16)の制定が急がれたからである。現在の一ドル札の裏面にも見られる国璽には、一三個の星や一三本のストライプ、一三段のピ

ラミッドなど「一三」を表象する多くのシンボルがちりばめられ、鷲がくわえる一三文字のラテン語のモットー「多から一へ」は、サラダ作り――より正確にはハーブ入りチーズスプレッド作り――をテーマとした、古代ローマのウェルギリウス作とされる詩から採られたといわれる。

だが一方、海軍御用達商人や、旗による識別と呪術性を重視する先住民らの要請もあって、一七七七年六月一四日、海軍関係決議の一つとして新国旗が制定される(今日、六月一四日は国旗記念日となっている)。「決議。合衆国国旗は赤白相互の一三本のストライプからなり、カントンには青地に一三の白色の星が新しき星座を形作るべし」。つまり星の意匠などは、この簡潔な文面では詳らかでない。一三個の五光星《ファイブ・ポインテッド・スター》を円形に配した意匠が当時の典型例のごとく言われるが、それはベッツィ・ロスの伝説にもとづくものである。

フィラデルフィアには彼女の家を保存・公開した「ベッツィ・ロスの家」があり、彼女は確かに実在の人物である。しかし学術的なアメリカ史のテキストで――わが国のみならずアメリカにおいても――彼女についてふれたものはほとんど見当たらないといってよい。つまり端的にいうならば、彼女が最初の星条旗を作ったというのは「作り話」なのである。民間伝承と実証史学のはざまにあって、少なくとも歴史学の学問的手続きを経て証明された話ではなく、「ベッツィ・ロスの家」も本当に彼女が住んでいたのか、疑念が呈されている。

では、いかなる理由で、かかるストーリーが語られるようになったのか。彼女の経歴に関してはかなり詳細にわかっており、ポイントは彼女の夫にある。

一七五二年、フィラデルフィアに生まれたエリザベス(ベッツィ)・グリスコムは、一七七三年、家具職人の徒弟ジョン・ロスと同市で結婚した。結婚後、夫婦で室内装飾業を始め、大いに繁盛するが、折からの独立戦争の勃発で夫は大陸軍に参加し、火薬の暴発で亡くなってしまう。健気に家業を続けるベッツィに、亡き夫の身内で大陸軍の優秀な軍人、ジョージ・ロスが白羽の矢を立てた、というのである。

ここからは「伝説」の領域に踏み込む。いくつかのバージョンがあるが、大筋は以下のとおりである。かねがねアメリカ国旗の必要性を痛感していたワシントンは、ジョージ・ロスからその制作に適任の者がいると聞き、すでにふれたロバート・モリスと三名でベッツィの家へと足を運ぶ。制作を承諾したベッツィに、彼らはワシントンがデザインしたとされる国旗のラフスケッチを示すが、彼女はいくつかの修正案を提示し、とりわけ当初の六光星に替えて、五光星を推した。技術的困難を懸念する彼らを前に、ベッツィは鮮やかな手つきで五光星を作り上げてみせる。三名は納得し、そのデザインで彼女は最初の星条旗を縫い上げた。左上のカントンの部分に五光星を円形にあしらった「ベッツィ・ロスの旗」の完成である(図3-15右)。

まこと愛国心を鼓舞するにふさわしいストーリーであり、国旗記念日に学校のクラス劇などで演じられるというのも大いに納得がゆくが、このストーリー＝伝説には、「作者」がいたのである。

建国のアイコン

この伝説が初めて歴史の表舞台に姿を現したのは、独立革命から時代を下ること約一〇〇年、一八七〇年のフィラデルフィアにおいてであった。ベッツィの孫ウィリアム・キャンビーがペンシルヴェニア歴史協会に文書を提出し、幼少の時分、亡くなる直前だったベッツィに直接聞いたとした。さらに親族たちも宣誓供述書を書いて、その証言を支持したのである。

しかしながら、親族の証言以外に客観的な文書の形での証拠はなく、ベッツィと旗に関して歴史的事実として認定されているのは、彼女がペンシルヴェニア邦のために海軍の「旗」を作ったというただ一点のみである。その旗の意匠も今となってはわからない。このような経緯のなかで、総じて歴史家たちは――歴史家でもあったウッドロー・ウィルソン第二八代大統領も含めて――このストーリーに対して、信憑性に欠けるとして否定的見解を示してきたといえる(むろん逆に、なかったことを証明する「悪魔の証明《プロバティオ・ディアボリカ》」も困難だが)。

それでは、実際に星条旗を発案したのは誰なのか。大陸会議のメンバーだったフランシス・ホプキンソンの名が、発案者として挙げられることが多い。だが、初期の星の配置は多様――

たとえば四角く並べた一二の星の中央に星一つなど――であり、むしろストライプの方が注目され、「条星旗《ストライプス・アンド・スターズ》」の語もしばしば用いられた。もっとも当時の状況に鑑《かんが》みるならば、そもそも同じ意匠の国旗に一斉に転換することなど不可能であり、もっぱら用いられたと考えられる海上においてすら他の旗も同時に使用されており、ましてや陸上での用途は、連隊旗などに比べてかなり限定されたものであった。

人々への浸透も遅々としていたが、一九世紀に入ると、「おわりに」で述べるフランシス・スコット・キーの「星条旗」など愛国的な歌や文学などに顔を出すようになり、州の増加とともに星の数を増やしつつ、南北戦争で確固たる地位を得る（一五本にまで増やされたストライプは、一八一八年にオリジナルの一三本に戻されている）。さらに南北戦争後は、各種愛国団体、子ども向け雑誌などで「国旗の聖化」運動が展開され、一九世紀末から二〇世紀初頭にかけて公立学校に掲げられ、「忠誠の誓い」で称えられるようになった。一九一二年には公式に星の配置が定められ、第一次世界大戦後に在郷軍人会などの働きかけで会議が開かれて、星条旗の取り扱い等に関する礼式が規定されたのである。

かくして今日に至るまで、星条旗のデザインの原則は変わらず――むろん星の数は増えるが――、完全に同一の星条旗が、人々の愛国心の中枢に位置することになる。

さて、以上見てきたように、学術的視座からすれば、星条旗の発案者とされるホプキンソン

図 **3-17**　「アメリカ国旗の家ならびにベッツィ・ロス記念協会」の会員証とその拡大部分（1911 年発行）

の名の前に、ベッツィは霞《かす》んでしまうはずである。にもかかわらず、ベッツィの方がはるかに高い知名度を有しているのはなぜなのだろうか。換言すれば、歴史学による断罪にもかかわらず、なぜベッツィはかくもポピュラーな存在であり続けるのか。そしてフィラデルフィアにある「ベッツィ・ロスの家」は一種の聖地として、なぜ多くの観光客を集めるのだろうか。それはいわば、歴史的事実／非事実を超えた問題である。

ベッツィは、アメリカ国民にとって歴史上の人物である以前に、「国旗の聖化」が生み出した政治的団結のシンボルに他ならない。ワシントンを国父とするならば、ベッツィは星条旗という国のシンボルを生み出した母なるイメージを喚起する。ごく普通の女性であったベッツィのもとへ、父なる神＝ワシントンが訪れて、聖なる旗を生み出す媒介役とした。フリッシュも指摘するように、彼女はアメリカ人にとって聖母マリアですらある。

図3-17をご覧いただきたい。これは、「ベッツィ・ロスの

家」の買い取り・復元を推進した協会の会員証である(著者蔵)。その中心にカラーで刷り込まれている絵こそ、一八九三年のシカゴ万博に出品されて好評を博したチャールズ・H・ワイスガーバー作「われらが国旗の誕生」であり、この万博での成功に気を強くしたワイスガーバーは率先して上記の協会を設立し、「家」のための募金活動に邁進した。この団体では、一〇セントを支払えば誰でも会員になることができ、会員証を手にできたが、かかるシステムで数多くの会員証、そしてワイスガーバーの絵が、全米各地に広まった。フィラデルフィアに誕生したベッツィの伝説は、ヴィジュアルなイメージを伴って全国に「普及」したのである。

じつのところ、このワイスガーバーの絵は、聖書を視覚化した聖画像(イコン、アイコン)のごとく、ベッツィの伝説を視覚化し、キリスト教文化圏にある者にとっては非常にわかりやすいメッセージを放っていた。かすかな陽の光を受けて、生まれたばかりの星条旗を胸に抱くベッツィを囲む三人。なぜ、三人？　そう、彼らは「東方の三博士」でもあるのだ。そしてベッツィが聖母マリアであるならば、その胸に抱かれた星条旗は、まさに生まれたばかりのイエスに他ならない。

かくしてワシントンと並ぶ聖なるイメージを付与されたこの「普通」の女性ベッツィは、やがてそのアイコン(イコン)のみが独り歩きを始める。星条旗をともなうアイコンを通じてベッツィの物語は広く伝播・再生産され、永久《とわ》の生命を得たのである。しかもこのアイコンは一定の文化的枠組みを踏み越えず、アメリカという国民国家のなかでのみ機能する。集団記憶における文化的アイコンの力。それは歴史的事実でないもの、もしくは史料によって実証されえないものの歴史的役割の大きさを示唆しているといえよう。

4　合衆国憲法の制定

公有地条例と北西部条例

さて上述のように、連合規約は一七八一年に全邦批准が実現し、発効した。これにより、連合会議は脆弱ながらも正式に各邦を束ねる中央政府のごとき機関となった。そのため連合政府とも呼ばれる。実際、連合会議の下には、外務、財務、軍務など多くの委員会が置かれ、不完全ながらも行政機能を分掌した。たとえば財務を担ったのは、北アメリカ銀行を創設したロバート・モリスである。モリスは連合の財政基盤強化を期して、課税権を新たに付与しようとしたが、実現しなかった。全邦の同意が必要とされたためである。

連合政府の前途はこのように多難ではあったが、パリ条約(一七八三年)後、この国の将来にわたって大きな影響をおよぼす政策を打ち出した。すでに述べたように、西方に広がる領土は各邦ではなく連合会議の管轄下に置かれたが、なかでもオハイオ川とミシシッピ川、そして五大湖にはさまれた旧北西部（巻頭地図参照。現在のオハイオ州、インディアナ州、イリノイ州など）をめぐり、二つの重要な制度設計を立法化した。公有地条例と北西部条例である。

まず、一七八五年の公有地条例では、旧北西部における公有地の測量・売却の手続きが定められた。公有地を六マイル平方の正方形（タウンシップ）に区分し、さらにその区画内を三六のセクション、すなわち一マイル平方（六四〇エーカー、約二・五九平方キロ）の土地三六筆に分ける。そしてセクションを単位として一エーカーあたり一ドル以上で競売に付し、一六番目のセクションを公立学校の設立場所および原資とした。今日でも、これらの区画の名残を目にすることができる。

売却単位が大きかったことから一般民衆には手が届かず、土地投機会社などがもっぱら入手した。このため、売却単位・単価はその後しだいに縮小へと向かい、一八四一年には、実際の耕作者が一六〇エーカーまでの土地を低価格で買い取れるとした先買権法が成立する。そして南北戦争中の一八六二年、ホームステッド法に至って、一定条件のもとで無償取得が可能となるのである。

一方、一七八七年の北西部条例は、連合会議の選任した知事らによる旧北西部の統治を定めるとともに、その地では奴隷制が禁じられることとなった。また、自由成人男性の人口が五〇〇〇を超えると准州（準州）として自治権を認められ、自由人人口が六万に達した時点で、承認を経て邦(州)へ昇格できるとした。こののちも西方領土に対しては、基準を満たせば准州さらには州へと昇格し、既存の州と完全に同等の資格で連邦に加わる仕組みが適用されることになる。かつてのイギリス本国のように、植民地として従属させ続ける伝統的手法とはまったく異なる統治原理が、ここに確立したのである。

こうした重要な成果はあったものの、独立戦争が終結していっそう求心力を失った連合会議は、定足数を満たすことすらままならない状態となり、悪化する経済状況と政治的混乱への対応は困難をきわめた。一七八六年にはマサチューセッツで、債務返済にあえぐ西部農民たちが経済の緩和策を要求して大規模な反乱を起こし(シェイズの反乱)、混迷はさらに深まった。この反乱を鎮静化させる一方、強力な中央政府を求める声の高まりを受けて、アナポリスで会議が開催され、アレグザンダー・ハミルトンの提案で、連合の見直しのための会議が改めてフィラデルフィアで開かれることとなった。

かくして一七八七年五月末から、四カ月近くにおよぶ暑い日々が始まる。世にいう憲法制定会議である。

議長ワシントンの日記

ワシントンの日記によれば、この会議に出席するために、五月一三日日曜日にフィラデルフ

図 **3-18**　憲法制定会議議場.（左）議場の再現（現在のインディペンデンス・ホール内）. 第二次大陸会議や連合会議もここで開かれた.（右）「合衆国憲法への署名」（H. C. クリスティ作, 1940 年）. この絵は連邦議会議事堂内に掲げられている. 右の議長席で立ち上がっているのがワシントン

ィアに「私が到着した時、いくつもの鐘が鳴らされた」。ペンシルヴェニア邦の知事を務めていたフランクリンも、ワシントンの到着後すぐに挨拶に出向いている。ワシントンは当初、宿舎に予定していた宿屋が混んでいたこともあり、「ロバート・モリス夫妻が親切にも自宅を宿舎として使ってほしいと言ってくれたので、荷物を移した」。

そして翌一四日月曜日は、「邦議会議事堂（図3-18）で会議の開催が予定されていた日だが、ヴァージニアとペンシルヴェニアの二邦以外、出席がなかったので、翌日一一時にこの同じ場所に集まることとした」。しかしその後の集まりも悪く、ようやく開催にこぎつけたのは二五日であった。「ニュージャージー邦の代表が到着し、定足数の七邦に達したので、開会を決議した。満場一致で私が議長《プレジデント》に選出された」。二八日には秘密会議とする旨を定め、三一日にはジョージアの代表、翌月の二日にはメリーランドの代表が加わって、最終的に「ロードアイランドを除くすべての邦が会議に参加した」

のである。

憲法制定会議は原則として日曜日を除く毎日開催され、議長たる彼のスケジュールは次のようなものであった。すなわち朝食後、午前中は会議に出席し、その後、知人等と昼食、さらに午後の紅茶を楽しんだのち、宿舎などで夕食をとった。当時の人々は、朝食は紅茶や果物、ポリッジ(オートミールの粥)などで軽く済ませ、午後一時頃から三時頃までに昼食の食卓を囲んだが、これが一日で最も重い食事でディナーと呼ばれていた。夕食は冷たい肉料理など比較的軽いものを口にしたのである。

たとえば六月八日金曜日の彼の日記には、次のような簡潔な記述が見える。「会議に出席。ディナー、お茶、そして夕方は宿舎で過ごす」。また七月四日には「独立を記念する演説を聞きに行き、会議もそのために休会となった」とあり、独立記念日の初期の証言の一つといえる。

憲法の制定と批准の軌跡

一七八七年五月二五日から始まった憲法制定会議には、ロードアイランドを除く一二邦の代表五五名が最終的に集まった。彼らの平均年齢は四二歳と比較的若く、多くが大陸会議議員の経験者であった。ただし、ジェファソンとジョン・アダムズはヨーロッパに使節として赴いていて不在で、ハミルトンも、地元のニューヨーク邦が会議に懐疑的だったため、同僚の議員が途中で議場を去り、彼自身の参加も限定的とならざるをえなかった。

　パリのジェファソンは、ロンドンのアダムズに宛てた同年八月末付の手紙の末尾で、この会議を「半神半人」の集まりと称えている。ちなみに「建国の父たち《ファウンディング・ファーザーズ》」の語は、狭義にはこの憲法制定会議のメンバーのみをさす場合もあるが、さらに独立宣言署名者や建国に貢献のあった者を広く包含する概念で、たとえばジェファソンとアダムズは独立宣言には署名していても、憲法にはしていないが、彼らはむろん最重要の「建国の父たち」である。

　そもそも連合会議に認められたこの会議の目的は、少なくとも建前のうえでは、あくまでも連合規約の改正について議論することであった。しかし結果的にはそこから大きく踏み出し、連邦憲法の制定という新たな政治秩序の構築へと至る。ワシントンの日記にもあったように、秘密会議とされたゆえんの一つである。満場一致で彼が議長に選ばれ、最年長(八一歳)で参加していたフランクリンも、大所高所から議事進行を見守った。

　会議で最も精力的に議論を展開したのが、のちの第四代大統領ジェイムズ・マディソンである。当時三六歳で独身のこの若きヴァージニア代表は、大胆な改革プランを提起し、議事をリードした。次章で述べるように、「合衆国憲法の父」たる彼は、のちに憲法の重要な修正にもたずさわることになる。

　彼が起草したヴァージニア案は、各邦の人口比にもとづく議員数からなる議会の開設や、強い権限を有する中央政府の設立をめざすものであり、これが議論の基調となった。ただしこの案は大きな邦に有利だったため、小さな邦の利害を酌《く》み、各邦平等の代表権を主張するニュージャージー案が提出され、対抗した。議論の末、両者のバランスを取ったコネティカット案が容れられ、連邦議会の上院(原語は古代ローマの元老院に由来)を各邦(州)平等に二名、下院(代議院)を人口比とする合意が成立した。前者の任期は六年、後者は二年とされた。

また議員選出の基準となる各邦の人口の計算では、黒人奴隷を多く擁する南部に有利にならないよう、黒人奴隷一人を白人の「五分の三」と数えることが決まった。以前に、連合会議への拠出金の計算方式としてこれが提案されており、その例に倣ったのである。

一方、奴隷輸入については、すでにほとんどの邦で禁止・停止されていたが、連邦議会が一八〇八年よりも前に禁止してはならない旨、定められた。ただしこれらを規定する条文などでは「奴隷」の語は巧みに回避され、「いずれかの州が受け入れを適切と認めた人々」、「その他すべての人々」などといった婉曲的な表現が用いられている。「建国の父たち」は、忌まわしい語を格調高い文章のなかに入れることを避けたとも考えられよう。合衆国憲法に「奴隷制」の語が初めて登場するのは一八六五年、奴隷制廃止を定めた憲法修正第一三条においてである。

さて、最終的に九月に全七条からなる合衆国憲法が採択された。おもにガヴァニア・モリス——ロバート・モリスのビジネスパートナーだが、親族関係はない——の筆になるとされる前文には「ユナイテッド・ステイツ・オブ・アメリカ」の国号が明記され（図0-1⑥）、州ではなく「われわれ合衆国の人民」（傍点著者）が「より完全な連邦を形成」（有賀貞訳）することが謳われた。そして第一条に連邦議会、第二条に大統領、第三条に連邦最高裁などに関する規定が盛り込まれ、当時の啓蒙思想家たちが思い描いた三権分立のデザインを見事に実体化させた。

その権力の分立は「抑制と均衡」にもとづくもので、たとえば議会を通過した法案は、原則として発効に大統領の署名が必要であるため、これを拒むことで大統領は議会に対して拒否権を行使できるが（第一条第七節）、同時に議会による弾劾の対象となるように（第二条第四節）、それぞれが権力の一部を共有し、互いの主張を展開することによって均衡が確保される仕組みであった（議会は三分の二以上で再可決すれば拒否権を無効にできるものの、現実には難しい。また、現在まで弾劾によって罷免にまで至った大統領はいない）。また連邦最高裁判事は、大統領の指名により、上院の助言と同意を得て任命されるとした（第二条第二節）。

第五条は憲法修正の規定で、修正には上下両院（もしくは全州議会）の三分の二以上の賛成、さらに四分の三以上の州の批准が必要とされ、硬性憲法の性格が明示されているが、連邦国家の根幹たる上院の各州平等の原則だけは、州の同意なしに修正対象とはならない旨、記されている。第六条はこの憲法や憲法に準拠する連邦法を国の最高法規とし、州憲法や州法に優先するとした規定である。

また憲法では造幣について以下のように定められた。「貨幣を鋳造し、その価値および外国硬貨の価値を規定すること」（第一条第八節）は連邦議会の権限であり、「各州は……貨幣を鋳造すること、信用証券を発行すること……をしてはならない」（第一条第一〇節）。これらの条文からは、造幣権を国家（連邦議会）のもとに一元化しようとする強い意志を読み取ることができる。そして「外国硬貨の価値を規定」とは、国内造幣の硬貨では十分な流通量を賄えないであろうから、たとえば八レアル銀貨も合衆国の法貨として流通させる可能性を含意しているとも考えられる。じじつ、この銀貨は南北戦争直前まで公的に認められて広く通用しつづけた。まさに近世大西洋世界の遺産というべき状況であろう。

羊皮紙に清書された合衆国憲法の原本には、議場からすでに去っていた者や、最後まで草案に反対していた者を除いて、三九名の代表が署名をした。フランクリンもむろんペンシルヴェニア邦代表の一人として署名している。彼は、ワシントンが坐っていた椅子の背もたれに刻まれた太陽の意匠について、議事のあいだじゅう、それが昇りゆく太陽なのか、沈みゆく太陽なのか気になっていたが、今、成案を得て、昇りゆく太陽であることがわかったと述べたという（図3-18の壇上中央に見えるのが、その「日の出の椅子」）。ただしこの時、政党の発生は皆の想定の外にあった。忠誠派が排除され、愛国派のみが支配的な状況だったからである。

ワシントンの日記によれば、九月一五日土曜日に「会議の仕事を終了」し、日曜日をはさんで一七日月曜日には「会議に参集し、憲法は一一の邦およびニューヨークのハミルトン大佐による満場一致の賛同を得た。……仕事納めとなり、代表たちは旅籠《タバーン》に席を移して一緒にディナーをとり、互いに心より別れを惜しんだ」。こうして出来上がった憲法はただちに連合会議に送られ、受理されたのち、各邦の批准に回された。

合衆国憲法は、一三邦のうち九邦の批准をもって発効する旨、その第七条で規定しており（上述した憲法修正規定の四分の三よりもさらに若干甘い規定）、これは全邦批准を条件とした連合規約の発効が大幅に遅れたことも踏まえての措置といえる。しかし、やはり各邦では憲法の批准をめぐって、かまびすしい議論が巻き起こった。

批准に賛成する人々は、「ナショナル」の語は強力な中央政府を示唆し、刺激的だとして、「連邦《フェデラル》」の語を積極的に用いて自らを「連邦派《フェデラリスト》」と称し、一方、より分権的な連邦の仕組みを求める人々は、集権的な新憲法の批准に反対して、「反連邦派《アンチ・フェデラリスト》」と呼ばれた。次章で述べるように、両者の対立はやがて連邦派（フェデラリスト党）と共和派（リパブリカン党）の党派対立、すなわち第一次政党制へと展開してゆくことになる。

批准が難航したニューヨーク邦では、連邦派のハミルトンやマディソンらがペンネームで新聞に多くの論説を発表し、批准を訴えた。これらの論説は翌一七八八年に『ザ・フェデラリスト』として出版され、憲法解釈の古典となる。ただしヴァージニアのプランターだったマディソンは、のちにハミルトンと決裂し、共和派の領袖《りょうしゅう》の一人となった。

新憲法には州の権限が明確でないことや、権利章典がないことを問題視する向きもあり、マサチューセッツなどでは、それらの追加を条件に批准した。一七八七年一二月、最初に批准をしたのはデラウェア——それゆえ州のニックネームは「最初の州《ファースト・ステイト》」——で、翌八八年六月、九番目のニューハンプシャーが批准して憲法発効の条件が整った。

この時点で、地理的にも経済的にも重要なヴァージニアとニューヨークはまだ批准していなかったが、これらの邦の連邦加入は、安定した新共和国の船出のためには必要不可欠であった。しかしほどなくして、それぞれ一〇番目、一一番目に批准を成し遂げた。残るノースカロライナとロードアイランドは、一七八九年のワシントン政権の発足後に、ようやく憲法を批准して連邦に加わることになる。

そもそも独立宣言が出された一七七六年は、日本では江戸時代の中葉をかなり過ぎたころ、いわゆる田沼時代に当たる。こうしてこの独立革命期に制定された合衆国憲法は、その後、奴隷制の廃止や女性参政権の確立など、現在まで計二七条もの修正が加えられている。時代に合わせて柔軟にこの国のかたちを変容させつつも、たとえば、ほぼ徳川幕府終焉の時期に当たる南北戦争下で大統領選挙が実施されたように、一貫して揺らぐことなく、国の根幹であり続けているのである。

共和主義の革命

これまで述べてきた独立革命の展開において、「民主主義《デモクラシー》」の語が登場しなかったことにお気づきだろうか。そもそも当時、議会の下院で人民が代表される仕組みそのものをさしたとされる民主制《デモクラシー》の語は、本来、民衆の力・支配を意味し、やや急進的な響きを帯びていた。人々がもっぱら口の端に上らせたのは「民主《デモクラティック》」ではなく、「共和《リパブリック》」の語であり、革命によって創りあげられたアメリカ合衆国は、「新共和国」となったのである。

このように革命において選択され、憲法において明確に定められた共和政体は、当時の人々にとって、どのように統合を保証しうると考えられたのか。なんとなれば当時、一般に共和政体は政治的に脆弱であるとみなされていたからである。たとえば古代ローマは、版図拡大につれて共和政から帝政へと移行し、本国のピューリタン革命では、クロムウェルの共和政は結局、王政復古へと収斂した。

これらの轍を踏むことを危ぶみつつ、広大な領土を傘下に収める「新共和国」存続の困難さを憂慮した政治指導者たちは、これまで統合の中枢にあった国王が存在しない今、「有徳の市民」が私益ではなく公益を優先させることでシステムの暴走を防げるとの見通しを抱いていた。公共善の防衛を謳う共和主義《リパブリカニズム》の主張であり、その思想的系譜はイギリス本国、さらにはイタリアのマキァヴェッリにまで遡るとされる。

これは自由放任主義《レッセフェール》のもと、私益を追求することで「見えざる手」に導かれて最適な状態に至るとする発想とは大いに趣を異にしており、「私」よりも「公」を重視するこのような共和主義の系譜は、一九六〇年代、独立革命史研究の泰斗バーナード・ベイリン——大西洋史研究も主導することになる——らによって発見されて広く衝撃を与えた。その思想史研究の流れは、言説の実体性を強調しつつ、さらにのちの時代にもこの概念を適用して、その存在を広く見出そうとした。一方、かかる見方に対して、ジョン・ロックの系譜を引く自由主義を強調する研究者もあり、双方のあいだで「共和主義論争」が戦わされ、理解が深まった。

そもそもフランス革命に先立つアメリカ独立革命は、少なくとも時系列上はアンシャン・レジーム期における事象にほかならず(共和政を希求したアメリカに助力したのはブルボン王家であり、ラファイエットやロシャンボーらフランス貴族であった)、共和主義的伝統を強調するJ・G・A・ポーコックによれば、独立革命は最初の近代的革命としてではなく、最後の古典的革命として始動したのである。しかし革命の成果を得て、さらに一九世紀に入ると、しだいに自由主義的な価値観が広まり、民主主義の語がより肯定的な色彩を帯びるとともに、共和主義の概念も——「共和」の語自体は依然として頻繁に唱えられつづけるものの——平等的意味合いが強まり、民主主義の概念と重なり合うようになってゆくのである。

第四章　新共和国の試練

独立宣言署名者の家系に代々伝えられたワシントン追悼の鉄製カメオ（1800年頃）
（2.8×2.3 cm，カメオは 2.1×1.7 cm）

1　ワシントン政権と第一次政党制

ワシントン政権の誕生と権利章典の制定

一七八八年八月一三日、ハミルトンはマウントヴァーノンのワシントンに宛てて、一通の手紙をしたためた。「イギリス海軍のコクラン大佐が、ヨークタウンで戦死した兄が所持していた家伝の懐中時計を取り戻すべく、私に助力を求めてまいりました。……願わくはコクラン大佐のために、貴殿のお力をお貸しいただけないでしょうか。……新政府の件ですが、この国の人々が間違いなくあまねく望んでいる事柄について、貴殿が応じていただくお心を固められたものと確信いたします。僭越ながら、新政府の最初の仕事に貴殿のご助力をいただくことは必要不可欠です」

この後、この鳴り物付き《リピーター》の古い懐中時計の返却をめぐって何通もの手紙が交わされ、そのやり取りを通じてハミルトンは、ワシントンに初代大統領職への出馬を強く働きかけてゆく。

むろん当時の人々にとって、大統領に相応しい人物はワシントン以外に考えようもなかったし、そもそもワシントンを想定しつつ、合衆国憲法第二条の大統領に関する規定が作られたともいわれる。だが同時に、当時の人々の心性として、自らそのような役職に名乗り出るというのは考えにくいことであった。あくまでも謙虚な態度で自らは拒絶し、強く推されれば、やむなく立つというスタンスが求められたのである。いわば『老子』第六十七章にいう、「敢《あえ》て天下の先《せん》と為らず、故に能《よ》く器《き》の長と成《な》る」(蜂屋邦夫訳)の態度である。

大統領選挙は、技術的困難や民衆への不信感などから間接選挙とされていた。各州で選ばれた選挙人が、翌一七八九年の二月四日に二名連記で投票し、その後、ニューヨーク市に招集された第一回連邦議会の上下両院が定足数に達した四月六日に開票されて、ワシントンが満票で大統領、次点のジョン・アダムズが副大統領に選ばれた(憲法を批准していないノースカロライナとロードアイランドは不参加)。ワシントンの四月一六日の日記には、「マウントヴァーノンに対して……家庭での幸せに対して、別れを告げた。言葉にできないほどの心配と苦痛の感情に心が押しつぶされながらも、ニューヨークに向けて出発した」と記されている。

その道すがら、各地で歓迎されたワシントンは四月三〇日、連合会議が最後に居を定め、今や連邦議会が招集されている建物――ウォール街の中心にあるフェデラルホール(現在の建物は二代目)――のバルコニーで、就任式典をとりおこなった。ニューヨーク市は合衆国憲法下で最初の首都となったのである(後述するように、一七九〇年一二月からはフィラデルフィアで連邦議会が開催される)。

ワシントンは、駐仏公使の任にあったジェファソンがフランスから帰国した直後に、国務長官への任命辞令を送って内閣に迎え、さらに財務長官を打診したロバート・モリスが辞退してハミルトンを推したことから、信頼するハミルトンを財務長官に選任するなど、初期のワシントン政権は、いわばオールスター共演のそうそうたる布陣といえた。

そもそも大統領は前例のない職種であり、ワシントン自身の立ち居振る舞いがその前例・規範を作り上げていった。たとえば大統領の敬称・呼称も当初、大きな問題となった。アダムズは、元首にして「自由の擁護者」たる大統領の敬称として、諸外国の元首に引けを取ることのないように、王族に用いる「殿下《ハイネス》」や、さらには国王に用いる「陛下《マジェスティ》」を提案したが、ジェファソンらに強く反対された。最終的にワシントンは下院などの見解を容れて、共和主義的でシンプルな「ミスター・プレジデント」に同意し、以後この呼称が大統領に対して用いられることになったのである。

さて第一回連邦議会の重要な課題の一つは、州レベルではすでに規定がある人権関連の条項を、合衆国憲法にも盛り込むことであった。マディソンらが中心となって原案が作成され、議会を通過した全一二条が各州の批准に回され、一七九一年一二月、そのうち一〇条の批准が成立した。この憲法修正第一条から第一〇条までは、イギリスの例にならって「権利章典」と呼ばれ、合衆国憲法の重要な構成要素となっている。

修正第一条は「信教上の行為の自由」(有賀貞訳、以下同)、「言論および出版の自由」、「平穏に集会する権利」、「政府に対して請願をする権利」、修正第二条は「人民が武器を保有し……携行する権利」を保障している。この有名な(もしくは悪名高い)第二条は個人の銃所有の根拠とされるが、当初は対象として「規律ある民兵」を想定したものであった。

修正第五条では「正当な法の手続きによらずに、生命、自由または財産を奪われることはない」と明記したことから、私有財産である奴隷の所有も保障されることになった。また、「自己に不利益な供述を強制されることがない」との文言は、いわゆるミランダ・ルール(「あなたには黙秘権がある……」)の根拠とされている。修正第六条、修正第七条は、それぞれ刑事、民事における陪審裁判を保障したものである。修正第八条は「残酷で異常な刑罰」の禁止、修正第九条は、憲法中に列挙されていない「他の諸権利」を「否認」も「軽視」もしていないことを確認した。修正第一〇条は、「合衆国に委任されず、また各州に対して禁止されていない権限」は各州と人民に「留保される」としたことから、やがてこれに基づいて州権論の主張が展開されることになる。

ちなみに当時、憲法修正条項の批准には期間が定められていなかったため、この時に批准されなかった二条のうちの一条は、二世紀近くものちに批准の機運が高まり、一九九二年に成立した。連邦議会議員の報酬を変更する場合、その適用は次の議会期からと定めたこの条項（修正第二七条）は、現在のところ最後の、すなわち最新の憲法修正条項である。

ハミルトン体制の構築

ノースカロライナは一七八九年に合衆国憲法を批准して連邦に加わり、最後に残ったロードアイランドも、ワシントンに外国扱いされかねない状況となって、ようやく九〇年に加わって一三州の体制が確立した。さらに翌九一年にはヴァーモントが一四番めの州として合衆国に加入した。このような政治状況のなかで初代財務長官ハミルトン（図4-1）は、体系的な経済・財政政策を打ち出してゆく。ハミルトンの経済・財政プログラム、いわゆるハミルトン体制の構築であり、アメリカ体制派経済学の源流とされる。

ハミルトンは新共和国の経済発展のためには、保護主義的な政策や経済環境の整備が必要であるとして、ロバート・モリスの案も下敷きにしつつ、自らの提案を報告書に盛り込み、次々と連邦議会に提出した。とりわけ三本の報告書が彼のプログラムの核を構成し、議会もそれを受けて法案を成立させてゆく。

まず彼は『公信用に関する報告書（第一報告書）』（一七九〇年一月）において、喫緊の課題である債務償還問題について大胆な提案をおこなった。独立戦争中に国内のみならず対外的にも積みあがった膨大な債務のうち、国の債務だけでなく、各州の債務も連邦政府が肩代わりして償還し、その支払いのために新たに国債を発行するとしたのである。州の債務の肩代わりは、より多額の債務を抱えていた北部諸州に有利であったため、南部諸州の不満が高まった。その交渉のために密談がおこなわれ、新たな連邦首都を南部に置く代わりに、肩代わりを認めるとの妥協が成立したとされるが、これについては後述する。

図 **4-1** アレグザンダー・ハミルトン．(左)1920 年代に作られた像．首都ワシントンの財務省前に置かれている．(右)ジョン・トランブル作(1806 年)

『公信用に関する第二報告書』(一七九〇年一二月)は、ハミルトンが金融システム整備のために不可欠と考えた中央銀行設立に関する報告書である。イングランド銀行を手本とするこの提案は、商業や製造業が盛んな北部には支持されたが、農業中心の南部の議員にとって必ずしも関心を引くものではなく、さらにこのような組織の設立を連邦議会が認可するのは違憲の疑いがあるとして、南部のプランターでもある「合衆国憲法の父」マディソンが反対の立場を鮮明にした。やはり南部プランターの国務長官ジェフアソンもマディソンに同調したが、法案は一七九一年二月に議会を通過し、同年四月、閣内の不一致に逡巡していたワシントンも最終的にハミルトンの意見を容れて署名をし、発効した。

こうして設立された合衆国銀行は、二〇年の期限付きで特許状を与えられた私企業であり、唯一の発券銀行ではないなど、今日のいわゆる中央銀行とは性格が異なるが、第一次大陸会議が開かれたフィラデルフィアのカーペンターズ・ホールに、北アメリカ銀行が退去したあとに入って営業を始め、やがて新築の建物に移った。二〇年後の一八一一年には特許状の更新が認められず、一八一六年に同様の枠組みで新たに合衆国銀行(第二合衆国銀行)が設立されたことから、最初の合衆国銀行は第一合衆国銀行と呼ばれている。

さらにハミルトンは『製造業に関する報告書』(一七九一年一二月)において、製造業や商業を発展させて経済面から国の独立を確実なものとすべく、国内の交通網を整備し、「適度な《モデレート》」関税による収入を連邦政府の歳入や製造業への助成金に充てることを提案するなど、積極的な産業育成策を説いた。助成金は汚職の温床になるとしてジェファソンやマディソンらが反対したため、より高率の関税が産業保護政策として採用されることになる。

そもそも当初の連邦政府の主要な財源は、関税収入と、前章で述べた公有地の売却益といえたが、膨大な国債の利払いなどを賄うために、ハミルトンは国産の蒸留酒に対する物品税(内国消費税)を提案し、一七九一年に法案が議会を通過した。主な換金作物としてウィスキーを作っていたペンシルヴェニア州奥地の農民たちは、かつての印紙法になぞらえてこれに反対し、一七九四年に暴動となった(ウィスキー反乱)。シェイズの反乱の再来を恐れたワシントンは民兵隊を召集して大規模な連邦軍を編成し、自ら鎮圧に臨んで、戦うことなく穏便に反乱を終結させたのである。

なお、通貨に関しては、ハミルトンが提出した『造幣局設立に関する報告書』(一七九一年一月)に基づいて九二年、鋳貨法が成立し、合衆国造幣局を設立して「ドル」を通貨単位とし、金銀比価を一対一五とする金銀複本位制が採用された。以前、ロバート・モリスとガヴァニア・モリスは、スペインドル(八レアル銀貨)の一四四〇分の一を「ユニット」とする通貨単位を提案していたが、新たに作られたドルはイギリスやスペインの貨幣とは異なる十進法を取り入れて、さらに一〇〇分の一の「セント」などを導入した。

もっとも、イギリスの貨幣単位もしばらくは一般に用いられ、スペインドルを起源とする「ビット」の表現も今日、口語として命脈を保っている。そもそもかつては八レアル銀貨＝一ドルの硬貨そのものを割って補助貨幣とすることもあり、八分割された断片が一ビットとなるため、二ビットは一ドルの四分の一、すなわち二五セントを意味するのである。さらにドルの略号もスペインドルを起源とみなす説もある。

第一次政党制の成立と外交問題

このようにハミルトンが次々と打ち出す政策をめぐって、政界や世論は二分されてゆく。ハミルトンに同調し、彼が主張する商工業中心の国造りをめざし、そのためには強力な連邦政府が必要であるとする連邦派(フェデラリスト党)は北部、とりわけニューイングランドを中心に支持を集め、一方、ハミルトンに反発し、あくまでも農業立国をめざし、州の権限を尊重する共和派(民主共和派、リパブリカン党)は南部に支持者が多かった。連邦派の中枢はむろんハミルトンその人、そして共和派の領袖はジェファソンやマディソンであった。

合衆国憲法も想定していなかったこのような初期の党派対立を、「第一次政党制」と呼ぶ。一八二〇年代後半に形成される第二次政党制などとの違いは、極論すれば、互いに相手の党派の存在を政治的に認めていなかった点にあるといえる。つまり双方とも自分たちのみが正しい道筋を示していると確信していたのであって、意見は異なっても互いの存在を認めた上で政権を相争う政党政治のあり方とは、大いに趣を異にしていたのである。

外交問題においても、連邦派、共和派は方向性をめぐって大きく対立した。ワシントン政権が誕生したその年、フランスでは七月一四日にバスティーユ監獄が襲撃され、フランス革命が本格的に始まった。ワシントンと個人的にも親しかったガヴァニア・モリスは、ビジネスの用向きでパリに赴き、帰国したジェファソンに代わってワシントンの耳目となって大量の書簡を送ることになる(彼は、時間厳守を旨としたワシントンに依頼されて、今日の機械式腕時計にまで受け継がれる革新的な輪列機構を持つ、いわゆるレピーヌ・キャリバーを搭載した最新機種の薄型懐中時計を入手したりもしている)。

ヨーロッパ諸国が対仏大同盟を結成して戦争へと向かうと、ワシントンは一七九三年四月に中立を宣言した。これに反発したイギリスがアメリカの貿易を妨害してきたことから、ワシントンは交渉のために、パリ条約の締結にも尽力した連邦派の重鎮ジョン・ジェイをイギリスに派遣した。翌年に米英間で締結された条約(ジェイ条約)はイギリスに妥協的であるとして、共和派は激しく非難した。

そもそも独立戦争中に結ばれたフランスとの同盟条約について連邦派は、国王と結んだものであるからルイ一六世の処刑(一七九三年)によって解消されたと主張し、イギリスとの関係改善を希求して、ジェイ条約もその方向に沿うものといえた。一方の共和派は、国家同士の条約であるから無効ではなく、また同じ共和政を志向するフランス革命に同情的な者も多かった。このような両派の対立の結果、ジェファソンは一七九三年末に国務長官を辞任することとなった。オールスターのはずだったワシントン政権も、とりわけ二期目(一七九三年―)に入るとハミルトンを中心とする連邦派内閣の色彩が強まっていったのである。

新首都の選定とランファンのプラン

合衆国憲法第一条第八節には「政府の所在地となる地区」、すなわち新たな連邦首都の設置が規定されたが、具体的な場所の定めはなかった。ニューヨーク市に最初の首都が置かれたのは実務上の措置であり、憲法の規定に応じた議論の結果ではなかった。北部の連邦派の人々は、古代ローマのごとく威厳に満ちた巨大な首都の建設を支持し、一方、南部の共和派の人々は、憲法にある「一〇マイル平方」でも農民にとっては巨大であり、もし大都市を首都とすれば、ロンドンのように強大な権限を有して腐敗すると考えた。南北二つの首都を交互にローテーションする案や、各州で首都を持ち回りとするなどの妥協案は退けられ、ただ一つの首都の所在地をめぐって議論は先鋭化した。

そして一七九〇年六月下旬、ジェファソンやハミルトンらが会食の席で合意に達し、一挙に解決へと向かう。すなわち、すでにふれたように、首都を南部に置く代わりに連邦政府による州の債務の肩代わりを認めるとの妥協が成立したのである。この妥協を受けて、翌月の議会で首都の位置をポトマック河畔と定め、さらにロバート・モリスの提案で、一八〇〇年の首都移転までの一〇年間、暫定的にフィラデルフィアを首都とすることが決まった。

同年一二月の連邦議会はフィラデルフィアで開かれ、ワシントンはモリスの私邸を借り上げて大統領官邸とした（かくも権勢を誇ったモリスはその後、土地投機に失敗し、債務者監獄に収監されることになる)。なお、ペンシルヴェニア州法では、同州に半年以上滞在した奴隷は自由になると定められていたため、フィラデルフィアのワシントンは、当地で使っていた奴隷を、ヴァージニア州にある自身のプランテーション、マウントヴァーノンの奴隷と半年ごとに入れ替えていたという。

メリーランド州とヴァージニア州の境を流れ、そのマウントヴァーノンも面するポトマック川は、むろんメイソン・ディクソン線(第一章参照)より南に位置しており、この地に首都を認めることは、すなわち奴隷制を黙認することをも意味した。ワシントンはさらに具体的な土地の選定を任され、自らのプランテーションにほど近い未開発の地に白羽の矢を立てた。まだ見ぬこの連邦首都はワシントンと命名された。

当時、小さな港町だったアレクサンドリアなどを含むポトマック川の両岸が一〇〇平方マイル(約二六〇平方キロ)にわたって首都用地とされ、メリーランドとヴァージニアの両州は、それぞれ当該の土地を約七割と三割の比率で連邦政府に割譲した。ただし今日、ペンタゴンやアーリントン墓地の広がるポトマック南岸のヴァージニア側の用地は、首都機能がその後、もっぱら旧メリーランド側に集中したため、一九世紀半ばにヴァージニア州に返還されている。ともあれ、この広大な用地に首都設計の青写真を描いたのが、ワシントンの信任厚いフランス人の工兵士官、ピエール・ランファンである。

ランファンが一七九一年に提出したプランは、フランスのヴェルサイユにヒントを得たバロック様式のデザインで、アルファベットと数字の付された「ストリート」を碁盤目状に配し、対角線上には各州の名を取って呼ばれることになる「アヴェニュー」、さらにその交わる地点には「サークル」や「スクエア」といった広場を設けて泉などを設置し、公共の便に供する仕組みであった。都市の周辺部から中心部への迅速かつ確実なアクセスを保証するこのシステムは、新しく誕生した共和国において、統治者と被治者との密接な結びつきを可能にする象徴的なデザインともなっている。また、市の中心部には、ジェファソンの示唆を受けて、「大アヴェニュー」たる広大な緑地帯「モール」を配している。

さらにこのランファンのプランでは、合衆国憲法に刻み込まれた三権分立の仕組みが、大地の上に実際にその姿を現す手筈であった。立法、行政、司法の三権を担う機関、すなわち連邦議会議事堂、大統領官邸、連邦最高裁判所をそれぞれ離れた場所に配置すると同時に、アヴェニューによって相互に緊密な連絡を実現する。それは文字どおり、「抑制と均衡」を視覚化したグランド・デザインといえよう。

議事堂の建設場所には周辺で最も高い丘たるジェンキンズ・ヒル(今日のキャピトル・ヒル)があてられ、そのおよそ二・五キロ北西には、ランファンが「宮殿」と呼んだ大統領官邸が置かれ、最高裁はその両者の中間地点に、主要なアヴェニューを避けて配置される予定であった。

ただしこの最高裁についてはランファンの計画どおりには運ばず、長らく議事堂内に併設されたのち、一九三五年に議事堂に隣接して独自の建物が建てられている。ちなみにランファン本人は、数々の傲慢な振る舞いがたたって、プラン提出の翌年には早くも任を解かれ、失意の日々を送ることになる。

連邦議会議事堂と大統領官邸の建設

首都用地はいまだ原生林の残る環境にあり、都市としての将来性について楽観しうる状態になかったが、主要な政府の建物の建設が、一八〇〇年の首都移転期限を目ざして急ピッチで進められた。なかでも重要な連邦議会議事堂のデザインは広く公募され、内科医のウィリアム・ソーントンの案が選ばれた。ワシントンはそのデザインを、「壮観で単純で至便」と評している(図４-２右下)。ただ、建築家ではないソーントンの案には、細部に手直しの必要性が指摘されたものの、議論と並行して工事は進み、一七九三年、秘密結社フリーメイソンの正装に身を包んだワシントン自らが礎石を置いた。

ワシントンがフリーメイソンの儀式をとりおこなったことに、奇異の感を持たれる向きがあるかもしれない。この結社の起源ははるか中世の石工のギルドにまでさかのぼるとの説もあり、それゆえ建築関係の儀式にふさわしいともいえるが、むろん話はそう単純ではない。

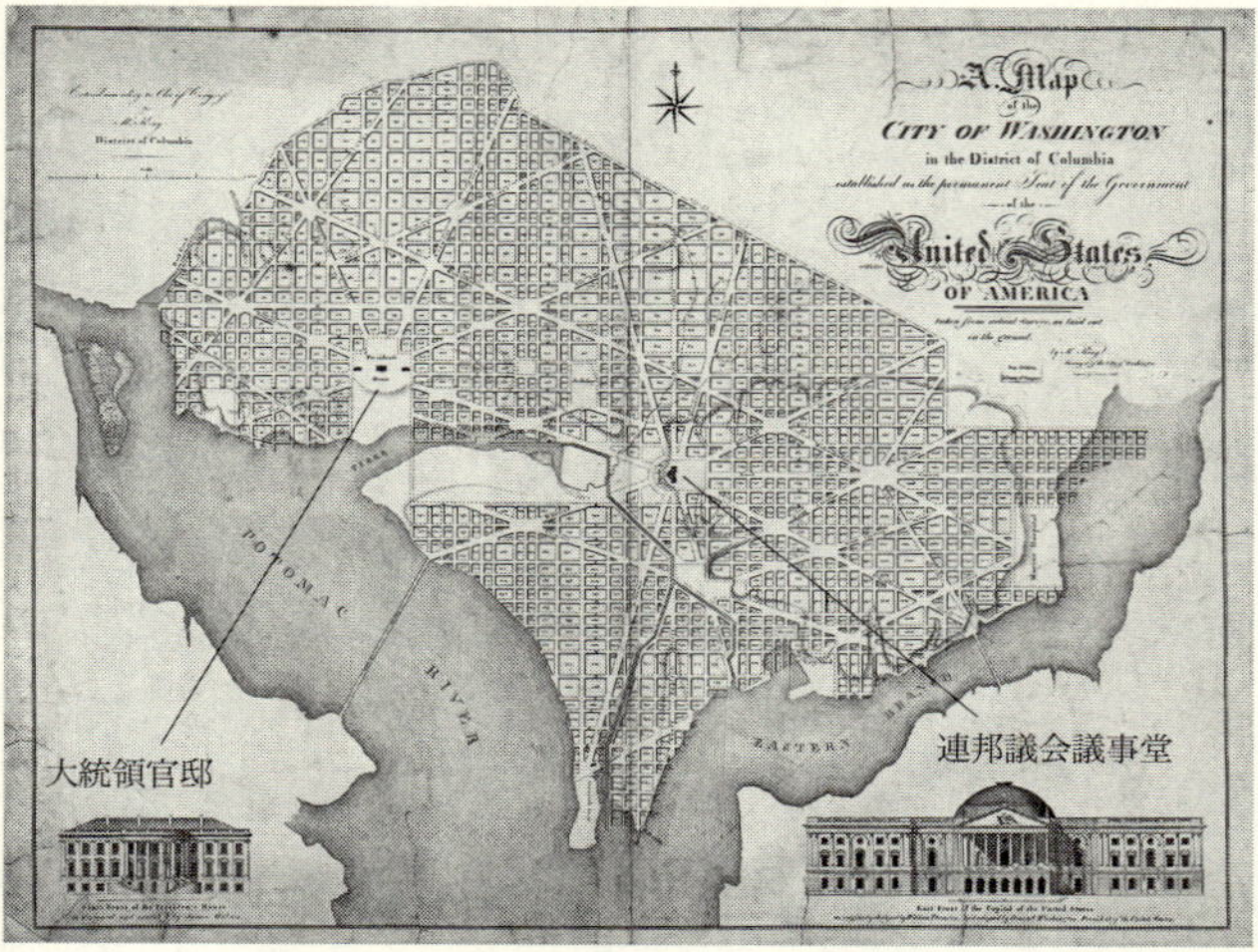

図 **4-2**　ワシントン市の地図(1818 年)

一八世紀初頭にイギリスで成立したともされ、全ヨーロッパ、そしてアメリカにまで広まったこの組織は啓蒙主義の精神を体現し、各国で多くの名士を会員として擁するに至っていた。むろんワシントンら、建国の父たちの多くがフリーメイソンの会員だったといわれている。したがって、表向きの政《まつりごと》と結社内での祭り事は相互に交じり合い、しばしば歴史の表舞台にその姿を現したのである。たとえば国璽の裏面に描かれた未完成のピラミッドの上で光る眼(図3-16参照)なども、フリーメイソンにまつわる意匠との解釈がある。

一方、当時、公式には「プレジデンツ・ハウス」や「エグゼクティヴ・マンション」と称された大統領官邸の建設は、一七九二年から開始された。ジェファソンの音頭でやはりデザインが公募され、ジェファソン自身も率先して応募したが、採用されたのは、アイルランド移民の建築家ジェイムズ・ホーバンの案であった(図4-2左下)。彼は、ダブリン周辺の建物を参考にしたとされる。

この大統領官邸については、後述する一八一二年戦争(米英戦争)中の一四年八月末に、イギリス軍による焼き討ちを受けて内部が焼失し、煤けた外壁を白く塗ったために以後、「ホワイトハウス」と呼ばれるようになったとの俗説があるが、正しくない。なんとなれば、大統領官邸の外壁は、主に多孔質の砂岩で造られていたため、凍結による石割れ等を防ぐために、一七九八年から石灰ベースの漆喰が塗られており、そのため外観が白く、当時から「ホワイトハウス」と呼ばれていたことを示す史料があるからである。すなわち大統領官邸は、少なくとも口語的には早くから「ホワイトハウス」だったことになる。漆喰は定期的に補修されていたようだが、一八一二年戦争後の一八年、最終的に外壁が白色の含鉛ペンキで塗られた。ちなみに「ホワイトハウス」が大統領官邸の正式名称になるのは二〇世紀初頭、第二六代大統領セオドア・ローズヴェルトの時からである。

ワシントンの告別演説と日付の謎

ヨーロッパ諸王国の世襲王制に対して一種の「選挙王制」として位置づけられた大統領職を、

ワシントンが終身で務めてくれると考えていた者も、当時のアメリカ国内には多かった。すなわち、ワシントンが四年ごとに大統領に選ばれ続け、在職のまま、鬼籍に入るというイメージである。しかし、第一次政党制が展開してゆくなかで、独立戦争中に生死を共にした右腕たるハミルトンを深く信頼していたワシントンは、とりわけ政権二期目において、自らの政治的立場として連邦派寄りのスタンスを取らざるをえなくなった。これに対して共和派からの批判も強く、生きながらに神格化の途上にあったワシントンといえども、合衆国憲法が予期しえなかったこの党派対立を克服するすべは見出せなかった。

かかる政局下で、そもそも大統領就任に当初、必ずしも乗り気でなかった(ように見えた)ワシントンが、自身のプランテーション、マウントヴァーノンに引退したいと考えたとしても不思議ではない。一七九六年、彼が三期目に出馬しないことを決意して国民に対して発表したメッセージ、いわゆる「告別演説(告別の辞)」において、党派対立の回避を呼び掛けたゆえんである。

かくして歴代の大統領たちは皆、ただ一人の例外(フランクリン・ローズヴェルト)を除いて、最大二期八年までしか同職に留まらないとする前例を踏襲した(トルーマン以降は、この原則が憲法修正第二二条に明記された)。さらに告別演説は、当時のヨーロッパの騒乱から距離を置くように説いて、いわゆる「孤立主義」外交の源流となったとされており、その意味でも、きわめて重要な文書と位置づけられる。その最終草稿はワシントン本人の手になるものだが、草稿作成の過程では、ハミルトンやマディソンの関与が大きかったことが知られている。

では、この告別演説は、どのような形で国民に伝えられたのか。じつのところ、「演説」の訳語は誤解を生みやすい。この文書が口頭で発表された事実はなく、実際には当時のフィラデルフィアを代表する新聞に掲載されたのみだからである。そしてこの文書には、現在も歴史書などでしばしば二種類の日付があてがわれることがあり、その錯綜する状況について、ここで整理しておく必要があろう。

少々遠回りだが、まずはワシントンの生涯に関して、あまりに有名な本から見てみよう。桜の木を切ったワシントン少年が、正直に父に謝ったというエピソード(の捏造)で知られるM・L・ウィームズ『ワシントン伝』である。同書はワシントンの死去の翌年、一八〇〇年に上梓されてから、ウィームズ自身が亡くなる一八二五年まで二九版もが刷られているが、たとえば第一二版(一八一二年)を見ると、文中には告別演説の全文がそのまま収録されており、末尾にはむろん日付も確認できる(図4-3①)。すなわち「G・ワシントン、合衆国」の表記とともに、「一七九六年九月一七日」と明記されている。

ちなみにウィームズは、ワシントンが実際に演説をおこなったとは書いておらず、むしろ文章が新聞に掲載された事実にふれているのだが、告別演説を「説教」に比しながら説明してお

①ウィームズ『ワシントン伝』(第12版)に収録された「告別演説」の末尾部分　②『アメリカン・デイリー・アドヴァタイザー』題字部分　③同紙掲載の「告別演説」の末尾部分　④「告別演説」手稿の末尾部分

図4-3　ワシントン「告別演説」の日付

り、このことが、この文章が口頭で述べられた——そしてその後に新聞に掲載された——との誤解を広く後世に生じさせたと考えることもできる。ともあれウィームズによれば、この文章の日付は「一七日」である。

彼はこの文章が掲載された新聞の名称や発行日については明記していないが、当然、それらについてはよく知られている。掲載紙はフィラデルフィアを代表する『アメリカン・デイリー・アドヴァタイザー』で、その社屋は大統領官邸からわずかに四ブロックを隔てた先にあった。九月一九日（月曜日）発行の第五四四四号（図4-3②）の二頁から三頁にかけて、告別演説の全文が掲載され、最後に「G・ワシントン、合衆国」の表記と「一七九六年九月一七日」の日付が置かれている（図4-3③）。

つまり、この文章が最初に印刷、公開された新聞の日付は一九日であるが、文章の日付自体は一七日とされているのであり、このように二種類の日付が存在することから、告別演説の日付を一七日とする立場のみならず、一九日と表記する立場も有りうることになる。

だが当然ながら、新聞掲載の「演説」には、新聞社が活字を組む際に用いた原稿が存在する。すでにふれたワシントン直筆の手稿であり、現存し、ニューヨーク公共図書館に収められている。したがって、告別演説について今日のアメリカ史概説書からさかのぼって訪ねるならば、ウィームズの著書を経て、当日の新聞、そしてその新聞掲載の文章、さらにワシントンの手稿へと至ることになる。そして、驚くべきことに、この手稿に記された日付は、「九月一九日」なのである（図4-3④）。

整理してみよう。(a)当日の新聞の日付（発行日）は一九日である。(b)その中に掲載された「演説」の日付は一七日である。(c)その「演説」の文章を活字に組む際に用いた原稿（ワシントンの手稿）の日付は一九日である。それでは、(a)と(c)の「一九日」の狭間で、(b)の「一七日」はいかに生成されたのだろうか。

残存する数少ない史料を突き合わせて考えるならば、ワシントンは九月一五日に官邸で新聞社主と面会して新聞発表予定日を確かめたのち、おそらく一六日金曜日の朝に、自筆の原稿に日付を「九月一九日」と記したと推測される（④に見えるやや歪《いびつ》な日付の配置も、あとで記入した証左の一つとなりえよう）。一九日としたのは、単に発行予定日に合わせたというだけでなく、ワシントン自身がこの「演説」をどのように捉えていたのかを示唆している可能性もある。すなわち積極的な意味をそこに見出すならば、新聞発行日に、当該の紙面を通じて国民に演説・挨拶するかのごときイメージを抱いていたためと言いうるかもしれない。

一方、新聞社主は一七日土曜日から本格的に始めた組版作業の際に、日付を「九月一七日」に改めたと思われる。文書の日付と新聞発行日が同日では不自然だと判断したためであろうか。その場合、一八日は安息日(日曜日)であるから、一七日の日付は彼にとっておそらく唯一の選択肢であったろう。そのあと、二度にわたる校正作業を通じてワシントンは、この日付(の変更)を目にしているため、少なくとも形式的にはそれを認めたことになる。したがって、一七日も一九日も、ともに告別演説の日付としての資格を有しているといえよう。

ちなみにこの文章は、その後、全国、さらには国外の新聞にまで転載されて拡散し、その過程で新たに「演説《アドレス》」を含むタイトルが一般化して、ワシントンの引退を広く内外に知らしめた。彼の引退の時までに、ケンタッキーとテネシーがそれぞれ一七九二年、九六年に州に昇格しており、合衆国を構成する州は、全部で一六となっていた。

新共和国の表象

かくしてマウントヴァーノンで余生を送ったワシントンは、一七九九年一二月、肺炎のため死去した。享年六七歳。国じゅうは深い悲しみに包まれたが、それを表す一つの興味深いモノがある。本章扉に掲げた鉄製のカメオである。

このカメオはおそらくワシントンの死の直後、一八〇〇年頃に作られたと推定され、多くの種類が認められるワシントンのモーニング・ジュエリー（喪のジュエリー）のなかでも、稀少な逸品の一つとされる。シードパールがカメオを取り巻き、金製の枠のブローチに仕立てられたこの個体は、独立革命期・建国期の政治家・軍人で、いわゆる独立宣言署名者《サイナー》（第三章参照）でもあったウィリアム・フロイドがかつて所有し、ウィリアムから何代も下った子孫が手放したもので、幸運にも著者が入手した。

カメオ自体は鉄製とはいえ、錆ひとつない極めて精巧な仕事で、いわゆる「ベルリン鋳物《いもの》」として知られる類のものである。この驚くべき鋳造技術は、うち続く戦争で金銀の不足した一八世紀のドイツで考案され、ベルリン鉄と呼ばれる特殊な鉄を用いて作られるその鋳物は、文字どおりの宝飾品と位置づけられる。このカメオもドイツで鋳造され、一八〇〇年頃、アメリカへ運ばれたと推定されている。何点作られたのか定かでないが、これと完全に同一の鉄製カメオを用いた装飾品は、ワシントン夫人の姪も所有していたことが知られており、彼女のカメオもブローチにアレンジされ、裏面にはワシントンの毛髪が収められていたと考えられる。

さて、このカメオに浮かぶワシントンの顔は、入れ歯のために口元がやや不自然に見えるが、第三章の図3-5のメダルの顔とよく似ていることにお気づきだろうか。

唐突ながら、そもそもワシントンといえば、どのような顔が思い浮かぶだろうか。おそらく彼の最も有名な肖像画は、現在の一ドル札に印刷されているもので、原画は画家のギルバート・ステュアートが一八世紀末に描いた作品である。ワシントンの肖像画や彫像は、後代の作も含めて当然ながら数多く残されており、描かれた時点の年齢や描いた画家によってじつにさまざまなバリエーションがある。その主要なものは、彼の生誕二〇〇周年を祝って一九三二年に発行された一二枚の記念切手のセットに見ることができる(図4-4)。上段左から四番めの二セント切手が、一ドル札のワシントンである(ただし転写作業のため、両者は左右が反転している)。左から二番めの一セント切手は、フランス人彫刻家ジャン＝アントワーヌ・ウードンが一七八〇年代に作った胸像を描いたものだが(図4-4左下の拡大図)、この胸像のワシントンの顔と、やはり第三章の図3-5のメダルの顔が非常によく似ている(ウードンのワシントン像は、一九三二年から二五セント硬貨の意匠としても採用された)。この記念メダルはアメリカ史上、最も有名なメダルの一つであって、同じく一七八〇年代にアメリカ政府がパリの造幣局に製作を依頼し、新国家の威信を高めるべく、当時のヨーロッパ諸国の例にならって各国の君主などにも送って流布した。このメダルの顔を描いたフランス人P・S・デュヴィヴィエは、ウードン作の胸像を参考にしたとされており、当然似ているわけである。

そしてこのメダルのワシントン像を参照して、鉄製カメオのワシントンが描かれたと推定さ

図 4-4　ワシントン生誕 200 周年を記念して 1932 年に発行された記念切手のセット．1セント切手(左下拡大)にウードン作の胸像が描かれている

れることから、メダルとカメオの顔がよく似ることになった。カメオの方は小型のためか、ややデフォルメされており、さらに細部の差異も見出されるものの、ウードンの胸像を挟んで見れば、三者ともに似ているといえる。

ここでやや大上段に振りかぶっていうならば、そもそも君主の存在しない共和制国家では、国家という抽象的な存在それ自体に対して直接、忠誠心を抱かせねばならない。しかし「想像の共同体」を想像するためには、やはり具体的なイメージは不可欠なのであって、その手掛かりとして、ワシントンのような英雄や国旗など、さまざまなシンボルが国民化のために総動員されることになったといえる。国民化は、中央のエリート層、すなわち「公式文化」の側からの操作――「名づけ」――によってのみ達成されるわけではなく、一般の民衆、すなわち「ヴァナキュラー文化」の側の同意――「名乗り」――も得なければならない。両者のヴェクトルの合力として、国民化は推進されるのである。

とりわけワシントンは、同じ「ジョージ」たる国王ジョージ三世の「後継」として重要なシンボルとなり、連邦派は彼のイメージを巧みに統合に利用した。たとえばワシントンの誕生日は、かつて植民地人がイギリス人意識を確認した国王の誕生日を転用する形で祝われ、ヴァナキュラー文化を巻き込んで全国に広まった。その祝祭の内容に地域差がない点で、前章でふれた独立記念日の祝祭と非常に似通っていたといえる。

ワシントンが生まれたのは旧暦下の一七三二年二月一一日だが、第一章で述べたように当時の年始は三月二五日で、さらにこの頃、旧暦は新暦に比して一一日もの遅れが生じていたため、今日の新暦に換算すると一七三二年二月二二日となる。一八八〇年に正式に国の祝日に定められたワシントン誕生日は、この二月二二日である（現在はリンカンなどの歴代大統領もともに祝う意味で「プレジデント・デイ」と呼ばれ、二月第三月曜日とされている）。

前章でふれた共和主義の概念を援用するならば、「共和」の内容は時代とともに変化し、また社会層によってもさまざまに解釈されたが、ヨーロッパの旧い君主制国家に対して、新しい共和制国家たる合衆国は、さまざまな点で優位にあるとの思いは強かった。このようなアメリカの「例外性」に対する優越感の表出は、しばしば劣等感の裏返しでもあったが、ナショナル・アイデンティティの拠り所の一つとなりえたのである。

2　アダムズとジェファソン

アダムズ政権の外交・移民政策

一七九六年一二月、大統領選挙がおこなわれ、それまで副大統領職にあった連邦派のジョン・アダムズが一位、共和派のジェファソンが僅差で二位となり、それぞれ新たな大統領、副大統領に選出された。政党政治を前提としていない合衆国憲法の矛盾が、ここに現出したともいえる。緊張をはらみながらも翌年三月、第二代大統領アダムズの政権が発足した。

フランス革命で揺れるヨーロッパとの外交問題は、同政権の喫緊の課題であった。恐怖政治の中枢たるロベスピエールを断頭台に送って一七九五年に成立したフランスの総裁政府は、米英間で結ばれたジェイ条約に反発を強めており、アメリカ側の公使の着任を認めないなど、関係が悪化していた。これを解決するためにアダムズがフランスに送った三名の特使に対して、総裁政府の外相タレーラン——恐怖政治の時期には、アメリカにも亡命していた——は内密にそれぞれ代理人を接触させ、多額の賄賂や借款を要求した。この要求をアメリカ側ははねつけたが、タレーランの代理人三名を匿名のX・Y・Zとしてこの件(XYZ事件)が連邦議会に報告されると、対仏感情は一挙に悪化し、宣戦布告のないまま米仏は戦争状態に突入して、一八〇〇年まで続いた(「擬似戦争」)。

この間、フランス革命やハイチ革命――一七九一年に始まった仏領サンドマングの黒人奴隷による解放・独立運動――によって当該の地から移民が多数流入し、アメリカに悪影響を及ぼすことを恐れ、また親仏的な共和派に対抗する意図もあって、連邦派の主導で一七九八年に「外国人・治安諸法」と総称される四本の法律が成立した。帰化法、外国人法、敵性外国人法、治安法である。

帰化については、そもそも合衆国憲法で、連邦議会が全国統一の帰化の規則を定める権利を有するとされたが(第一条第八節)、州との間でいわゆる「二重の市民権」の問題が生じており、まずこれについて説明しておく必要があろう。

独立前にまでさかのぼれば、各植民地は事実上、それぞれ独自の帰化条件を設定し、郡レベルでの審査を経てイギリス臣民への帰化を認めていた。「有益なる怠慢」の一例であり、それゆえ本国の帰化政策の厳格化は、独立宣言において厳しく糾弾されたのである。独立後も各州は独自の帰化法を運用していたが、一七九〇年に初の連邦帰化法が制定され、そこで示された合衆国に二年間居住する「良い人格《グッド・キャラクター》」の「自由白人」という帰化条件を上回る基準は、州の帰化法において設定が差し控えられたものの、依然として州法にもとづく帰化も認可されつづけた。

一七九五年に制定され、五年間居住の条件を課した次の連邦帰化法を契機として、帰化条件の設定は連邦の権限であるとする見解が各州で一般的になったが、実際の帰化の手続きは連邦裁判所だけでなく、州の裁判所でも引き続きおこなわれ、市民権付与の権限の行使は、州にも残された。これが州と連邦の「二重の市民権」の問題である。さらに市民権の内容、たとえば参政権なども、その具体的な資格は各州に委ねられており、州を超えた人民(合衆国市民)が生み出されたとはとうてい言えない状況であった。また「自由白人」たることは帰化の重要な条件であり、そもそも黒人や先住民は「国民化」から排除されていたことにも留意すべきであろう。

ともあれ、アダムズ政権下で新たに制定された帰化法は、帰化条件をさらに厳格化して一四年間の居住とした。外国人法は、危険とみなした外国人に対して、拘束したり国外退去に処したりする権限を大統領に与え、敵性外国人法では、戦時下で敵国出身の在留外国人に対して、同様の権限を大統領に認めた。後者の敵性外国人法は、若干形を変えつつも、その後も有効とされ、第二次世界大戦中の日系アメリカ人の排斥などにも、法的根拠として援用されている。

四つめの治安法は、政府に批判的な「虚偽」文書の出版を禁じたもので、共和派の言論人が逮捕されるなどした。これらの法律に対して共和派のジェファソンやマディソンらは違憲であると非難し、ヴァージニア州などで反対の決議文の採択をリードしたのである。

一方でアダムズは、首都移転期限の到来に伴い、一八〇〇年一一月にワシントンに乗り込み、いまだ小村落といった風情のこの町に居住した最初の大統領となった。大統領官邸の最初の住人となったファースト・レディ、アビゲイル・アダムズは、建築途上のこの官邸について、「とても大きな空間」との感想を述べている。

さらに同年一二月の大統領選挙では、アダムズは共和派に敗北を喫し、町を去ることになるが、連邦派の勢力を司法部に温存すべく、翌年三月までの自身の任期中、首都の新設の治安判事に連邦派を多数任命しつづけた。一部の任命辞令の作成は、大統領としての任期切れ直前の三月三日真夜中にまでずれ込み、そのようにして任命された判事を、世に「真夜中の判事」といい、ある重要な裁判に関わることになる。

「一八〇〇年の革命」

その一八〇〇年一二月の大統領選挙は、壮絶な戦いであった。現職のアダムズは敗れ、ジェファソンと、同じく共和派でニューヨークの大物政治家アーロン・バーとが同票となり、翌年二月、憲法規定(第二条第一節)により、連邦議会下院での州単位の決選投票に結果がゆだねられた。両候補とも過半数を獲得できないまま何度も投票が繰り返されたが、ハミルトンが「同じ悪から選ぶのなら、最もましなのを選ぶ」としてジェファソンの肩を持ち、影響力を行使したこともあって、最終的にジェファソンが大統領、バーが副大統領となった。トクヴィルも

『アメリカのデモクラシー』第一巻で、ジェファソンが三六回目の投票で選出されたことを記している。

このような選挙の現状を受けて、その後、政党政治を前提としたうえで正副大統領を選出するように選挙制度が見直された。すなわち一八〇四年成立の憲法修正第一二条であり、正副大統領をあらかじめ区別して選ぶ、つまり選挙人が大統領と副大統領の名をそれぞれ別の投票用紙に記入する仕組みが導入され、原則としてこの方式が今日まで続いている。

ちなみにバーは、ジェファソンの二期目の大統領選（一八〇四年）の候補者には選定されず、出馬したニューヨーク州知事選にも敗れたことから、背後でハミルトンが画策したと恨みを抱き、彼に決闘を申し込む。一八〇四年七月一一日、ハミルトンはかつて息子が決闘で命を落としたまさにその場所でバーの銃弾を受け、翌日死去した。西インド諸島で婚外子として生まれ、才覚ひとつで身を立て、軍人としてはワシントンの副官、政治家としては連邦派の領袖として八面六臂の活躍をしたハミルトンは、こうして四九歳の生涯を閉じた。一〇ドル札にその勇姿をとどめる彼の多文化的な側面を強調したミュージカル『ハミルトン』が現在、アメリカで大ヒットを記録している。

ともあれこの一八〇〇年の大統領選挙の結果を受けて、敵対する党派、連邦派は政権を共和派に明け渡し、すみやかな政権交代が実現した。今日ですら選挙結果がそのまま反映されない

図 **4–5**　トマス・ジェファソン．(左)首都ワシントンのジェファソン記念堂に立つ像(1947年建立)．(右)レンブラント・ピール作(1800年)

国もあるなかで、このような状況はまさに革命的であり、また、政権交代によって独立革命の精神が回復されたとして、ジェファソンはのちに「一八〇〇年の革命」と呼んだ。

かくして一八〇一年三月、ジェファソンは首都ワシントンで就任式を挙げた最初の大統領となった(図4-5)。彼は就任演説で「われわれはみな共和派であり、連邦派である」と述べ、融和の姿勢を強調したが、以後、連邦派が再び政権の座に返り咲くことはなかった。彼の政権は、これまでの政権が定めた物品税(内国消費税)や「外国人・治安諸法」などについて廃止の方向へと舵を切った。政治文化の色調も、より共和主義的なものへと転回したのである。

時代の動きは服飾や習俗などにも表れ、すでに一八世紀末から大きな変化が生じていた。男性では、とうにかつらは消え去り、ブリッチズに替えて長ズボンをはくようになり、襟のついた上着の色使いもより地味なものとなった。またヨーロッパでは、嗅ぎタバコからしだいにパイプタバコなど喫煙の復活が見られたが、アメリカでは噛みタバコの嗜好が急速に広まった。女性のあいだでは一九世紀初頭までの一時期のみ、ハイウェストのドレスが流行した。

ジェファソンは、いまだ建設途上の首都の整備にも気を配り、一八〇三年にイギリス出身の建築家ベンジャミン・ラトローブを公共建築物の監督官に任命した。彼は連邦議会議事堂の装飾にその才能をいかんなく発揮し、ギリシア・ローマの意匠を積極的に用いる一方で、たとえば柱頭にトウモロコシやタバコといった新世界の産物の文様をあしらうなど、新大陸の地に古典古代の理想郷を再現しようとする意欲に満ち満ちていた。

そもそも連邦議会議事堂の原語「キャピトル」からして、ユピテル神などを祀った古代ローマの神殿、カピトリウムの意にほかならず、市の北方を流れるグース・クリーク(ガチョウ川)も、ローマ市を貫いて流れるタイバー川(テベレ川)に改名され、ワシントン市そのものが初代大統領の見通しのとおり、新大陸のローマたるべく創られていったといえよう。

だがこの都市にとって最大のアイロニーは、人民が手にした輝かしい「自由」の象徴たるべき都の建設が、「不自由」の象徴の最たる黒人奴隷を多数動員しておこなわれたことであろう。一七九〇年の妥協が端的に示しているように、ここはあくまでも南部なのである。じつはこの地理的条件は、やがて来る南北戦争の際、首都防衛という大問題を惹起することになる。隣接するヴァージニア州はウェストヴァージニアと分裂して南部連合に加わるが、メリーランドは奴隷州にもかかわらず「境界諸州」の一つとして連邦(北部)にとどまったため、かろうじて首都ワシントンは「陸の孤島」となる運命を免れたのである。

さて、アダムズが任命したあの「真夜中の判事」に改めて注目したい。その一人、ウィリアム・マーベリーは、自身の任命辞令がすでに準備されていたものの、政権交代で交付が保留されたことから、国務長官のマディソンに交付を命じるよう、同様の他の三名とともに連邦最高裁に訴えた。「マーベリー対マディソン事件」として知られる裁判である。

アダムズによって連邦最高裁長官に任命されていたジョン・マーシャルは、そもそも交付を命じる権限を最高裁に認めた裁判所法の規定自体が違憲であるとして、一八〇三年、共和派に忖度《そんたく》しつつマーベリーの訴えを退けた。この判決によって、本来、合衆国憲法には一切明文規定のない違憲立法審査権が確立し、その法理はのちに日本国憲法にも受け継がれることになる。

バーバリ戦争とルイジアナ購入

ジェファソン政権は、さまざまな外交上の難題に直面した。まず問題となったのが、オスマン帝国の影響下にあった北アフリカ沿岸のいわゆるバーバリ諸国(アルジェ、チュニス、トリポリ)が、配下の海賊などを用いて地中海の貿易を脅かし、船舶の安全な航行と引き換えに多額の貢納金を要求していたことである。独立後のアメリカはこの要求に応じていたが、貢納金のさらなる増額を求められたジェファソンは拒絶の方針に転じ、関係のこじれたトリポリは一八〇一年、アメリカに対して宣戦を布告した。第一次バーバリ戦争(トリポリ戦争)である。アメリカは海軍を増強し、一八〇三年には旗艦としてコンスティチューション号(後述。図４-８参照)を派遣した。この地中海での戦いは、一八〇五年、アメリカが勝利して終結した。

一方、フランスでは一七九九年、クーデタで総裁政府が倒され、新たな統領政府で第一統領として独裁的な権力を掌握したナポレオン・ボナパルトは、一八〇〇年にスペインと密約を結んで、七年戦争後のパリ条約(一七六三年)以来スペイン領となっていたミシシッピ川西方の広大なルイジアナ(図４-６)をフランス領とした。その情報が伝わると、アメリカ側は慌てた。とりわけ物流のかなめであったミシシッピ河口のニューオリンズについて、従来スペインが認めていた港の使用権などをフランスが認めるかどうか定かでなかったからである。

ジェファソンはニューオリンズの購入などをフランスに持ち掛けたが、ナポレオンは驚くべき逆提案をおこなった。ニューオリンズどころか、ルイジアナ全体の売却である。

フランスはハイチ革命によってカリブ海の主要な植民地、サンドマングを失いつつあった。一八〇一年に事実上の独立を宣言した指導者のトゥサン・ルヴェルチュールを翌年、捕縛し、さらに国民公会による奴隷解放宣言(一七九四年)を反故にして奴隷制を復活させたものの、結

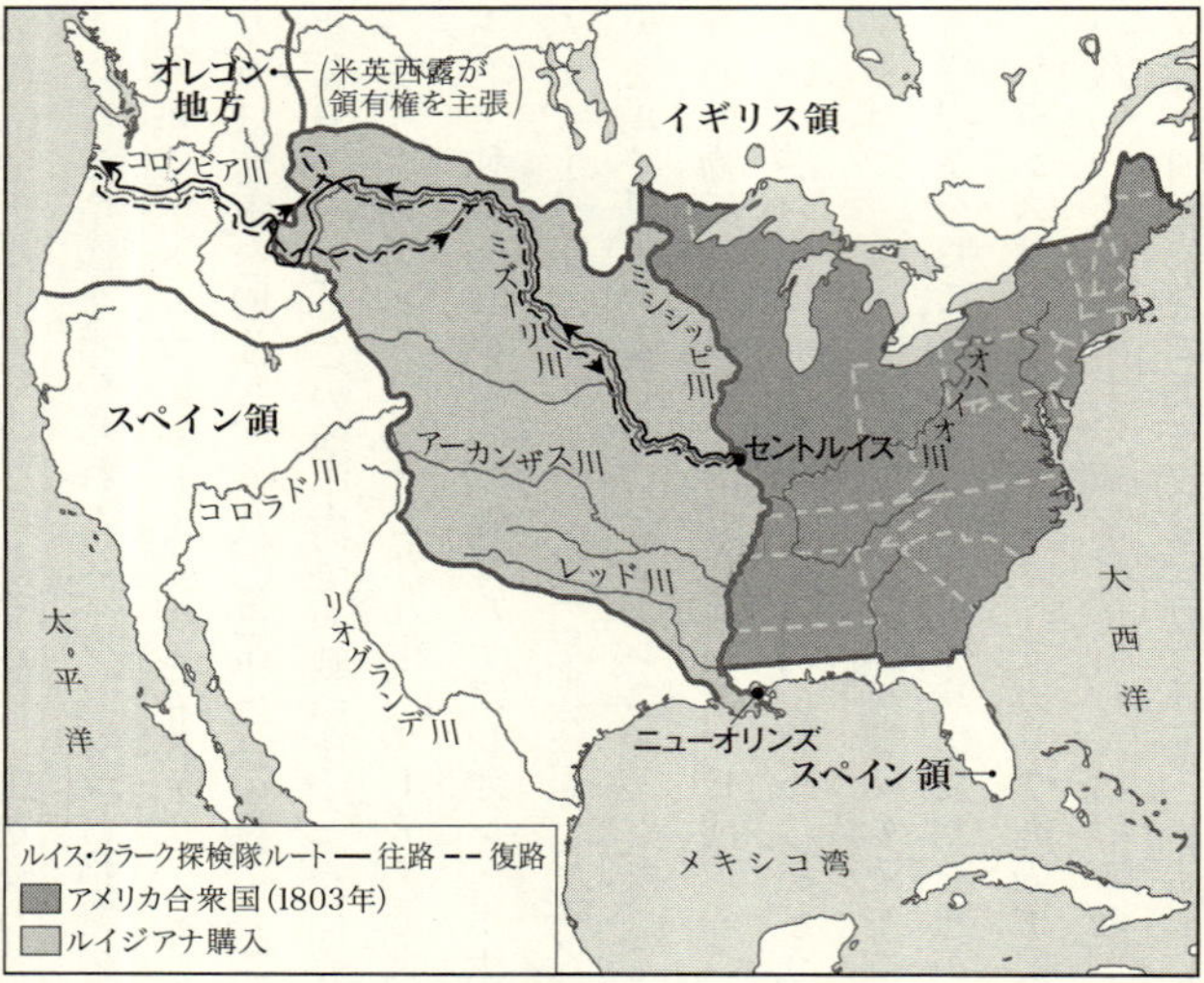

図 4-6　ルイジアナ購入とルイス・クラーク探検隊ルート

局、同植民地を奪還することはかなわず、ルイジアナをも含む広大な植民地帝国再建のもくろみは潰えた（ハイチは一八〇四年に世界史上初の黒人共和国として独立）。つまり、ナポレオンにとって、ルイジアナは無用の長物と化しつつあったのであり、一方でヨーロッパでの戦争の費用を捻出する必要があった。彼が世紀の売買を提案したゆえんである。

この提案を受けるか否か、ジェファソンは逡巡した。憲法の条文はそのような権限を大統領に与えておらず、共和派の大統領として、連邦政府の権限強化には慎重にならざるをえなかったからである。だが最終的に国益を重視した彼は、憲法条文を拡大解釈することで、受諾に踏み切った。かくして一八〇三年、アメリカはフランスからルイジアナ全体をおよそ一五〇〇万ドルで購入し(ルイジアナ購入)、合衆国の領土を一挙に倍増させたのである。

こうして国土となったルイジアナは未踏地も多く、イギリスやスペインとの境界も判然としなかった。そのため、この地を探査して情報を収集し、測量をおこなうべく、探検隊が組織された。ジェファソンの秘書だったメリウェザー・ルイスと、彼が指名したウィリアム・クラークの両名を指揮官とする、いわゆる「ルイス・クラーク探検隊」である。一八〇四年五月に出発し、先住民の諸部族が住まう地をあまたの苦難を乗り越えて踏査し、太平洋岸に到達したのち(図4-7)、一八〇六年九月に無事帰還して、多くの貴重な知識をもたらした(図4-6のルート参照)。

図 **4-7** ルイス・クラーク探検隊の一行が海水を煮詰めて塩を作ったかまどの復元. オレゴン州最北部の太平洋岸に位置する

途中、フランス系カナダ人の夫とともに探検隊に通訳、案内役として加わったショショーニ族のサカジャウィア(サカガウィア)は、生まれた赤ん坊を背負って一緒に旅をつづけ、その成功に大きく貢献した。彼女はいわば白人(の男性)に尽くした先住民女性として、同様のポカホンタス(第一章参照)

とともに、アメリカ史上、よく知られている。彼女の没年については諸説あるが、クラークはその子を引き取って育てた。ルイスは帰還からわずか三年後、自殺ともされる謎の死を遂げている。

建国の父たちの「帝国」

さて、こうして大西洋岸から太平洋岸に向かって広大な領土を傘下に収めてゆくアメリカ合衆国は、いわゆる「帝国」と言いうるのだろうか。ここでは時間軸を少しさかのぼらせ、あくまでも独立革命期・建国期に限定したうえで、「帝国」に関して史料にそくした地道な「地上戦」を少しく展開してみたい。

この時期の「帝国」といえば、まず思い浮かぶのはジェファソンの「自由の帝国《エンパイア・オブ・リバティ》」であろう。だが意外なことに、彼がこの表現を最初に明示的に用いたのは、独立戦争中の一七八〇年、書簡のなかにおいてであった。そこには、イギリス帝国の支配に抗して、新大陸に自由を拡大するとの意味合いが見て取れる。

翌一七八一年から八二年にかけて執筆した著書『ヴァージニア覚え書』(第二章参照)には、帝国の語はわずか三回しか登場しない。うち二回は貨幣の名称として、一回は高名な博物学者ビュフォンが記したフランス語の引用文中である。前者の貨幣の場合、いずれも「神聖ローマ帝国」の意であり、後者のビュフォンの引用文では、新世界の先住民に関する解説において、先住民の「国」をさすために用いられている。ただし、「帝国」に該当しうるラテン語は、ジェファソンが古代ローマの政治家・著作家サルスティウスを引いた文言中にも認められるが、この場合は「権力」のごとき意であって、捨象できる。

したがって「自由の帝国」の標語で有名なジェファソンも、その公刊された唯一ともいえる著書のなかで「自由の帝国」どころか、アメリカを意味する「帝国」の語すら使用しておらず、大統領としても、就任演説や年次教書などの重要文書でこの語を用いることはなかったのである（もっとも、その他の書簡などでは類似の表現も含めて何度か用いているとされ、たとえばマディソン宛の一八〇九年の書簡では、「自由のための帝国」の語が見える）。

では、ひとりジェファソンのみならず、さらに広く、独立革命期の根本史料『大陸会議議事録』（第三章参照）を精査するとどうなのか。このきわめて公的な議事録においては、「帝国」の語はイギリス帝国を意味する場合が多く、独立宣言の年を除いて、アメリカを帝国と呼称する直截な表現は避けられていると理解してよい。やはりこの語は、敵となった本国を強くイメージさせる謂であり、さらにイギリス帝国による植民地支配（植民地帝国）を連想させ、植民地側が否定すべき強引な統合のあり方をも含意する可能性があるからであろう。

ただしわずかとはいえ、パリ条約の締結された一七八三年から、アメリカをさして帝国と呼称する例が見られるようになるのは、きわめて示唆的である。

それではさらに史料の対象範囲と時間軸を広げて調べるとどうなのか。大陸会議議員たちの書簡を中心に、一七七四年から八九年にかけて彼らが残した文書を包括的に収録した史料集成『大陸会議議員書簡集成』全二六巻(一九七六―二〇〇〇年)や、さらに憲法制定会議に関する最も網羅的な史料『ファランド議事録』全三巻(一九一一年)、そして合衆国憲法の批准をめぐって各州で交わされた議論を収録した『エリオット討議録』全五巻(一八三六―四五年)などのデジタル版を悉皆調査するとどうなのか。

やはり一七八三年のパリ条約を契機に、アメリカを帝国と呼称する事例が相対的に増加していることがほぼ確認できる。イギリスを帝国と呼称する事例が一七七〇年代前半という早い時期に多く見られるのとは対照的である。ではなぜパリ条約を機に変化が生じ始めたのであろうか。

この条約の結果、合衆国が新しく得た広大な「国土」をどう形容すべきか、さまざまな思いが当時の人々の胸に去来したであろう。イギリス帝国の一部を切り取って獲得したのであるから、とりあえず皆の脳裏に浮かんだ語が帝国であったとしても不思議ではなかろう。むろんそこには、長い戦争を戦い抜いた結果として、広大な領土を掌中にしたことへの自負心が含まれていたことも確かであろう。しかし北西部条例(第三章参照)で明確にされたように、これらの新領土は決して合衆国の植民地《プロヴィンス》（属　州《プロヴィンキア》）として位置付けられたわけではない。したがって、帝国の語に「新興の《ライジング》」、「新しい《ニュー》」、「幼年期の《インファント》」などの形容詞を付すことで、植民地支配を機軸としたイギリス帝国との違いを意識的に示したとも解釈できる。

さらにワシントンに注目して史料を精査するとどうであろうか。ワシントンの生涯を広くカバーし、すでに完結している文書集成、ジョン・C・フィッツパトリック編『ワシントン手稿集成』全三九巻（一九三一―四四年）のデジタル版を調べると、やはり大統領在任中の「帝国」の語の使用がきわめて少なかったことがわかる。大統領として共和派や外国を刺激することを恐れて用心深くなったためであろうか。しかも、アメリカを帝国と呼称する事例のほぼ半数が、一七八三年に集中している。やはりパリ条約を契機とした帝国の謂に他ならず、革命期全体の史料を用いて抽出した事実が、ワシントンにおいても一層ドラスティックな形で証明されている。なかでも「新興の帝国」の表現を好むのは、ワシントン特有の心性であろう。

そもそもワシントンは、自らの大統領就任演説や年次教書などで帝国の語を用いることは一切なかった。「告別演説」でも、この語を用いていない。先述のように、その草稿の作成にはハミルトンが深く関わったが、草稿の段階で残っていた帝国を含む唯一の語は、ワシントンの完成稿で削除されている。このようにワシントンは公の場で、また自ら公人の立場で帝国の語を用いることには、きわめて慎重であったといえよう。この点においてはジェファソンなど、初期の大統領たちと同様の状況が見て取れる(むしろ彼以降の大統領たちが、彼に倣ったというべきか)。つまり少なくともワシントンからマディソンに至るまで、大統領就任演説で帝国の語を用いた例は見当たらないのである。

ワシントンが気楽に帝国の語を用いたのは——例外はいくつも指摘できるが——主に部下の軍人や親しい政治家たち、また遺言書など、比較的プライベートで閉ざされた空間においてであったと捉えることもできるかもしれない。そこに「建国の父たち」の心情の吐露を見るべきであろうか。アメリカの「自由」によって新大陸を覆う「帝国」のビジョンは、彼らの心のなかに、すでに存在していたのかもしれない。

「アメリカのスフィンクス」と奴隷制

さて、合衆国憲法の定め(第一条第九節)により、一八〇八年よりも前に連邦議会が禁じてはならないとされた奴隷輸入——すでにほとんどの州で禁じられていた——に目を向けると、イギリスでは一八〇七年三月に奴隷貿易の廃止が決まり、同時期にアメリカでも議論が高まって、やはり同月に制定された法律で、一八〇八年一月一日以降の国際奴隷貿易が国全体で禁止されることとなった。その背景として、黒人奴隷の自然増によって、すでに国内での調達・維持が可能になったと考えられたこと、また、ハイチ革命の影響などが指摘されている。そもそもハイチ革命については、反奴隷制感情の強い北部の都市では好意的に受け止める向きもあったが、南部では革命の波及を恐れたプランターたちが強く反発したのである。

それでは、ジェファソンの奴隷制に対する態度はどのようなものだったのだろうか。前章で述べたように、独立宣言の草案のなかに奴隷制に関連して英国王を非難する文言を挿入した彼は、この制度を悪しきものと認識はしていたが、自身のプランテーション、モンティチェロに君臨する主人であり、また人種的偏見も拭い去ることはできず、彼が表明した反奴隷制の立場は、いわばレトリックの域を超えるものではなかったともいえる。

ジェファソンの伝記をものしたある歴史家が喝破したごとく、彼は「アメリカのスフィンクス」、謎に満ちた多面的人物なのであって、大奴隷主としての私生活、とりわけ彼が愛したとされる混血の黒人奴隷サリー・ヘミングスとの関係については、単なるプライバシーの詮索を超えた重要性を有しており、エピソードの一つとして等閑に付すわけにはいかない。

ジェファソンは一七八二年に妻を亡くし、再婚することはなかったが、妻が実家から連れて来ていたこの黒人の少女サリーには、妻の面影があった。なんとなればサリーは、妻の父親が自らのプランテーションの奴隷に産ませた子であり、妻とは異母姉妹の関係だったからである（サリーは白人の血を四分の三ほど引いていた）。奴隷制度のもとでは、所有する黒人女性に対する性的搾取はしばしば見られた忌まわしい「慣行」であり、生まれた子どもも原則、奴隷――良い扱いを受ける場合もあるが――とされ、その結果、自らの「財産」が増えるというおぞましい仕組みであった。

いつからサリーとの関係が始まったのか定かでないが、ジェファソンが公使としてパリ在住の間、子どもの世話のために、当時一〇代だった彼女を呼び寄せており、そのころからとの説もある。ともあれ、サリーは生涯に少なくとも六人の子を産んだとされ、うち四人が成人した。そのなかの三人は見かけ上、白人として通り、白人として生きた――パッシングと呼ばれる――という。

このサリーとジェファソンの関係をめぐっては、長らくさまざまな意見が開陳されてきた。当時も、猟官のために大統領ジェファソンに近づいた新聞記者が、願いがかなわなかったことから、ジェファソンが奴隷に子を産ませたとの暴露記事を書いたが、本人は黙殺した。一九世紀後半にはサリーの子どもの一人が、彼らの父親がジェファソンであると証言している。しかしこれまでは、偉人たるジェファソンがそのようなことをするはずがないと信じる見解が大勢を占めていたといえる。

だが一九九〇年代末、子孫を対象にＤＮＡ鑑定がおこなわれ、科学的に両者の関係がほぼ証明された。ただし、必ずしも全員の子どもの父親ではない可能性、また弟も含む当時のジェファソン家の男性の誰かが父親である可能性などを完全には排除し切れず、全容の解明は難しいようである。しかしながら今日、ジェファソンとサリーの性的関係を否定することは、もはや無理筋であろう。

結果責任を負うのが政治家の常とはいえ、それは公的側面に留まるのか。それとも、偉人たるためには、公私にわたって偉大でなければならないのか。この訥々と話す複雑極まりない性格の大男のプライバシーは、文字どおり歴史的かつ国家的な関心の対象なのである。

3　一八一二年戦争

ナポレオン戦争と米英の対立

フランスではナポレオンが一八〇二年に終身統領、〇四年に皇帝に即位し、第一帝政が開始された。翌年、トラファルガーの海戦でイギリスに敗れたものの、アウステルリッツの三帝会戦に勝利して第三回対仏大同盟を崩壊させた皇帝ナポレオンは、一八〇六年、イギリス経済に打撃を与えるべく、ヨーロッパ大陸諸国に対してイギリスとの通商を禁じた。大陸封鎖令の発動である。

アメリカは中立国として、英仏双方との貿易に従事して利益を上げたが、英仏ともにアメリカ商船を拿捕して積荷を押収するなど、アメリカの立場を尊重しないだけでなく、とりわけイギリス海軍は、アメリカの船員に対して強制徴募を大規模に実施した。強制徴募とは、商船の水夫などを捕まえて無理やりに水兵として徴用するもので、近世においてしばしばおこなわれて人々に恐れられていた。この時期、イギリス側はアメリカ市民をもイギリス人とみなして徴用の対象としたのである。

対抗措置として、アメリカは一八〇七年末、出港禁止法を制定した。アメリカ商船の国外への出航を禁止して、紛争に巻き込まれることを避けると同時に、英仏などへの不買運動のごとき効果を狙ったものであった。しかしこの措置は、英仏にさして大きな影響を及ぼさなかっただけでなく、むしろブーメランのように自らに返ってきて、自国に経済的ダメージを与え、国民の不満が噴出し、密貿易も横行した。そこで一八〇九年三月、ジェファソンは任期終了直前に同法の廃止に同意するとともに、英仏との貿易のみを禁じた新たな法律、通商禁止法に署名したのである。

一八〇八年の大統領選挙では、ジェファソン政権で国務長官だった共和派のマディソンが選出され、翌年三月に第四代大統領に就任した。初代大統領のワシントンから第四代のマディソン、そして第五代のジェイムズ・モンローまで、五名の大統領のうち、第二代のアダムズを除く四名が南部ヴァージニアの出身であったことから、建国初期の政権を「ヴァージニア王朝」と呼ぶことがある。当然ながら四名はみな、奴隷制大プランテーションの経営者であり、それゆえ合衆国は奴隷主の国家として成立したとみなすこともできる。

さて、通商禁止法はある程度の効果を上げたものの、一八一〇年五月には、さらにこれに替わる新たな法律が制定される。英仏との貿易は再開するが、もし英仏の一方が中立国としてのアメリカの通商権を尊重して妨害行為をやめるならば、尊重しないもう一方の国に対して、再度、通商禁止を適用するとの法律である。ナポレオンは、少なくとも表向きはこの提案に乗ったが、イギリスはただちに反応せず、翌一八一一年、マディソン政権によってイギリスとの通商禁止が改めて表明された。

一方、西部においても、先住民諸部族が独自に米英と外交関係を結び、連動してさまざまな動きが見られた。インディアナ准州知事に任命されたウィリアム・ヘンリー・ハリソン——のちの第九代大統領で、孫のベンジャミン・ハリソンは第二三代大統領——は、積極的に先住民と条約を締結して土地買収政策を推進し、先住民を「文明化」しようとしたが、これに反発したショーニー族のテカムセらは、対抗するために諸部族に連携を訴えた。たとえば南部のクリーク族の一部はこれに応え、イギリスと結んでアメリカと対峙した。

一八一一年一一月、テカムセが南部に赴いて留守のあいだ、ハリソンの率いる軍と先住民が衝突し、双方に多数の戦死者が出たが、アメリカ側の勝利とされた(ティピカヌーの戦い)。その後、テカムセは、カナダなどでイギリス軍と結んで勇猛果敢に戦い、一八一三年に戦死した

（ティピカヌーの英雄として一八四〇年に大統領に選ばれたハリソンは就任直後に病死し、以後、ジョン・F・ケネディまで、二〇年ごとに選出された大統領が暗殺や病死などで在職中に死去したため、これを「テカムセの呪い」とする向きもあるが、二〇世紀に入って広まったまったくの俗説にすぎない）。

一八一二年戦争の展開

連邦議会では、連邦派によって「タカ派《ウォー・ホークス》」（好戦派）と批判されたヘンリー・クレイやジョン・C・カルフーンら、若い世代の共和派の議員を中心としてしだいに対英開戦の機運が高まり、マディソンの教書を受けて一八一二年六月、合衆国史上初めて他国に対する宣戦布告の法案が通過し、これにマディソンが署名して、イギリスとの戦争が始まった。一八一二年戦争（米英戦争、アメリカ・イギリス戦争）である。開戦の背後には、イギリス領カナダやスペイン領フロリダなどに対するアメリカの領土的野心が隠し切れず、カナダ国境や深南部で戦線が形成され、テカムセら、その地の先住民をも巻き込んで米英が対峙した。

大西洋岸、とりわけチェサピーク湾岸でも米英は衝突し、一八一四年八月には首都ワシントンがイギリス軍に攻略され、戦火に焼かれた。次にこの首都が敵の攻撃を受けるのは二〇〇一年九月一一日、同時多発テロの時である（南北戦争中も敵軍が迫ったが、実害はなかった）。

ワシントン攻略の翌月、イギリス軍はさらにメリーランド州のボルティモアを陥落させるべ

図 **4-8**　ボストン港のコンスティチューション号．上は1973年のオーバーホールの際，実際に船から取り外された部材の木片

く、港の入り口で海からの攻撃に備えて守りを固めているマックヘンリー砦を標的とした。この戦闘の現場から生み出された一篇の詩が、現在のアメリカ国歌「星条旗」である。これについては「おわりに」で述べたい。

カナダ沖などでの海戦では、第一次バーバリ戦争でも活躍したコンスティチューション号が大いにその名をとどろかせた（図4-8）。この木造帆船は、あたかも鉄製のごとく敵の砲弾を側板で跳ね返したとされることから、親しみを込めて「オールド・アイアンサイズ」と呼ばれ、現在、アメリカ海軍最古の現役艦としてボストン港に係留されている。

カナダを舞台にしたL・M・モンゴメリーの赤毛のアン（『アンの愛情』）にも、一八一二年戦争の戦死者の墓の前で、当時の海戦に思いをはせる場面がある。英領カナダの地では、U・E（ユナイテッド・エンパイア）・ロイヤリストと呼ばれる人々――アメリカ独立革命でカナダに逃れてきた忠誠派――が、アメリカ軍の侵攻に対して強力に反撃した。彼らにとってこの戦争は、アメリカから祖国カナダを防衛した勝利の戦いであった。

一方、アメリカにとってこの戦いは、「第二次独立戦争」とも位置づけられる。再度の対英戦争としてナショナリズムが大きな高まりを見せただけでなく、経済的な独立、すなわち開戦前も含めた一連の動きのなかで、イギリス製品の輸入が困難になったことから、繊維など国内の製造業が発展する契機ともなったのである。このようにアメリカとカナダでは、この戦争は自国史にとって重要な意味を持っているが、イギリス史においては、いわばナポレオン戦争の一環にすぎなかったともいえる。

一八一二年戦争は最終的な勝敗がはっきりとしないまま、和平交渉の末に一八一四年一二月、ベルギーでガン（ヘント）条約が結ばれ、終結した。その知らせが現地に届く前の一八一五年一月、アンドルー・ジャクソンは海賊らの助けも借りて、ニューオリンズの戦いでイギリス軍に勝利し、国民的英雄となった。のちの第七代大統領である。

一方、連邦派の勢力が強かったニューイングランドでは、この「マディソン氏の戦争」にはそもそも反対が根強く、戦争協力を拒み、連邦からの脱退を主張する者もあった。さらに一八一四年一二月からコネティカット州でニューイングランド各州の代表による会議、ハートフォード会議が開かれ、合衆国憲法の修正を求めた。このような反戦的立場は戦争終結後に人々の強い反発を招き、連邦派はごく一部の地域を除いて、政党としての機能をほぼ失うこととなり、第一次政党制は終焉へと向かった。

さて、イギリス軍の襲撃を受けて焼き討ち・略奪の憂き目にあったワシントンの町は、大統領官邸や連邦議会議事堂をはじめとするほとんどの政府の建物が破壊された結果、連邦議会はこの地の放棄を投票にかけ、九票の僅差でかろうじて否決されるありさまであった。だが、先述のホーバンやラトローブらの尽力によって見事に再建された。今でもホワイトハウスの建物の一部には、この戦争の痕跡をあえて修復せずに残している個所がある。

ナショナリズムの高まりと独立宣言書

ここで再び独立宣言書に焦点を当ててみたい。独立宣言書の原本は、首都の移動とともにその居を移すが、ワシントンでも保管場所を三度変え、そして一八一二年戦争でイギリス軍が首都に火を放った時には、ヴァージニア州に向けて逃避行の最中であった。独立宣言書はかろうじて救われたのである。

かつて連邦派は独立宣言の位置づけについて、その反英的性格や、前文に記された革命権、自然権の主張がフランス革命を想起させるとして危惧し、またジェファソンへの敵意もあって独立宣言を疎んじ、むしろワシントン崇拝を熱心に推進した。だが「一八〇〇年の革命」によって状況は大きく変わり、ワシントンの党派イメージがしだいに薄まって中立的なシンボルとなる一方、一八一二年戦争後のナショナリズムの高まりによる独立革命の再検証や神聖化の動き、また国際関係の変化でイギリスとの関係が改善され、フランス革命の恐怖政治の記憶も薄れたことなどから、独立宣言は政争の具ではなく、国民的支持を得る聖典へと変容し、独立記念日の祝祭――両党派が別々に祝っていた――もそれに寄与した。

独立宣言書は、すでに本来の使命を果たし終えた文書とはいえ、その象徴的価値の高まりを受けて、何らかの形での保存が必要となっていた。第五代大統領ジェイムズ・モンロー政権の国務長官ジョン・クインジー・アダムズ（のちの第六代大統領）は、一八二〇年に銅板彫刻師のW・ストーンに命じ、オリジナルと寸分違わぬ完全なコピーを制作させる。

ストーンは「ウエット・トランスファー」という技法を用い、三年の月日をかけて仕事を成し遂げたが、その技法は湿らせた薄いシートをオリジナルの文書の上にかぶせてインクの表面を吸い取り、それをさらに銅板に写し取ってエッチング処理を施すものであった。これによって完全なコピーを刷り上げることができるが、オリジナルの「身」は削られる。当時はこの手法がオリジナルに与えるダメージはあまり深刻には考えられていなかったらしく、独立宣言書が銅板の形で不死となったとの論調も見られた。

第三章に掲げた独立宣言書（図3-8③④）は、一八二三年に刷り上げられたこのストーンのコピーから採ったものである。なんとなれば、オリジナルの羊皮紙に書かれた文字は、上記の技法の適用や、その後の保存の経緯のなかで——降り注いだ日光と時間の経過によって——ほとんど判読不可能なくらいにまで薄くなってしまっているからである。当時のコピーは二〇〇枚、そのうち二〇世紀末の段階で現存していたのは三一枚で、二〇一二年のオークションでは六〇万ドルの値がついている。誕生から幾星霜、オリジナルの独立宣言書のテクストは、文字どおり、コピーの形で不死となったのである。

おわりに――愛国歌「星条旗」の誕生

さて最後に、一八一四年九月のマックヘンリー砦の攻防戦に話を戻したい。

これより少し前、弁護士のフランシス・スコット・キーらは、捕虜の解放交渉のため、ボルティモア港沖に停泊するイギリス艦船へと向かった。交渉は首尾よく進んだが、彼らは戦闘終結まで留め置かれ、激しい攻防戦を敵艦船上から目撃することになった。そして九月一四日の夜明け、英軍の攻撃を跳ね返した砦の様子を見て感激したキーは、解放されたのち、ホテルの一室で一篇の詩を書き上げる。今日の国歌、「星条旗《スター・スパングルド・バナー》」の誕生である。

この詩はただちにビラに印刷され、二〇日には「マックヘンリー砦の守り」のタイトルで新聞に掲載、翌月には楽譜が出版された。詩に付された曲は、イギリスの酒宴の歌「天国のアナクレオンに捧ぐ」。音域が広くて歌いにくいとされるこの曲は、ロンドンのアマチュア音楽家のクラブ、アナクレオン協会のテーマソングであり、一八世紀末にアメリカにも同協会ができ、このテーマソングもアメリカで人気を博していた。そもそも当時は一つの曲に対して多くの歌詞が当てられる、いわゆる替え歌が一般的であり、この曲にもすでに、メロディに合わせて多くの詩が作られ、出版されていた。キーも一八〇五年に、やはり「天国のアナクレオンに捧ぐ」に合わせて、第一次バーバリ戦争で活躍した兵士を謳った詩「勇士の帰還」を作っており、そのなかには、のちに「星条旗」で用いられる表現が散見され、「スター・スパングルド・フラッグ」の語も見える。したがってバーバリ戦争時の詩が前提となって、一八一二年戦争時の詩が生み出されたといえよう。

全部で四番まである「星条旗」の歌詞のうち、一番と二番を抄訳、要約しつつ、そこに描かれた戦闘の様子を見てみたい。

「おお、見えるか、夜明けの陽の光に」、と曲は始まる。「夕暮れの終《つい》の光に、われらが誇り高く歓呼したものを。その太きストライプと輝く星は、われらが見つめた砦の上に、雄々しくひるがえっていた」。「ロケット弾の赤き光と、空に炸裂する砲弾は、夜じゅう、われらの旗がいまだそこにある証《あかし》となった」。「おお、星ちりばめたる旗《スター・スパングルド・バナー》は、まだひるがえっているか、この自由なる者の大地に、勇敢なる者の故郷に」。この問いかけで一番は終わる。

そして二番では、夜が明けんとする薄霧と静寂《しじま》のなか、砲撃の止んだ砦に掲げられている旗は、時おり吹く風になびいて見え隠れし、その意匠は判然としない。そこへ夜明けの薄光が射し、それを受けて、今輝いているのは栄光に満ちた星条旗であることがわかる。そして、「おお、末永くひるがえらんことを、この自由なる者の大地に、勇敢なる者の故郷に」と締めくくる。
つまり、夜じゅう続いたイギリス軍の猛攻に耐えて、砦は死守されたのであり、朝日にひるがえる星条旗――敵の旗でも、白旗でもなく――こそ、その事実を皆に高らかに示したのである。かくしてイギリス軍のボルティモア攻略は失敗に帰した。

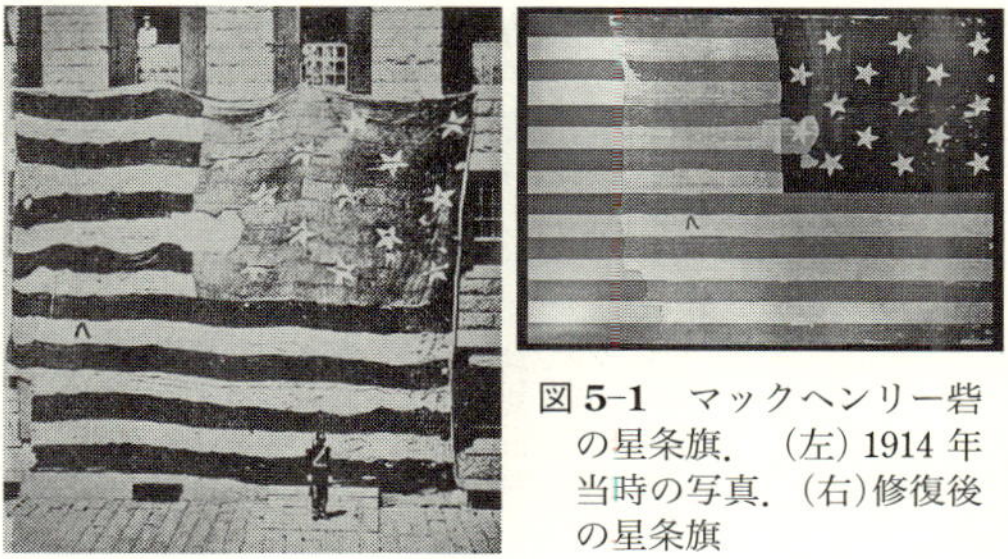

図5–1 マックヘンリー砦の星条旗.（左）1914年当時の写真.（右）修復後の星条旗

この時、砦に掲げられていた星条旗は、一五本のストライプと一五個の星があしらわれた大型のもので、キーの詩によって「スター・スパングルド・バナー」として有名になり、砦の司令官の手元に置かれたが、その孫が二〇世紀初頭にスミソニアン協会に寄贈した（図5–1）。この間、この旗はさまざまなイベントなどに持ち出され、記念として布片が何度か切り取られている。一五本のストライプは、ヴァーモントとケンタッキーの連邦加盟を受けて、一七九五年から施行された法律によって定められた意匠で、第三章でふれたように、一八一八年にはオリジナルの一三本に戻されている。

なお、四番の歌詞のなかには、「われらのモットー」として、「神にわれらの信をおく《イン・ゴッド・イズ・アワ・トラスト》」が登場する。伝統ある事実上のモットー「多から一へ」に替えて、一九五六年に合衆国の正式なモットーとなった「神をわれら信ず《イン・ゴッド・ウィ・トラスト》」とは少し語句が異なるが、最初期の重要な事例の一つといえる。

やはり第三章で述べたように、星条旗が人々の目を大いに引きつけ、確固たる地位を得るのは南北戦争が契機であり、それまでは国旗を謳ったこの歌も、必ずしも愛国歌の定番というわけではなかった。さらに正式に国歌となるには、一九三一年まで待たなければならない。

だが、かくして国旗と国歌は、一八一二年戦争を契機に、ここに相まみえた。先住民の世界から始まり、植民地時代、独立革命を経て建国期まで、長い長い道のりの果てに、である。この旗のもと、この国はさらにどのような栄光と試練、光と影の物語を紡ぐことになるのか。それは次巻以降で明らかとなろう。

あとがき

アメリカ合衆国憲法制定から二三〇年、すなわち日本国憲法下のわが国より三倍以上もの長い歳月、連綿と国家を運営し、初代から第四五代まで四四人の大統領を、憲法第二条にもとづいて途切れることなく選び続けてきたこの国は、もはや決して若い国でも、歴史の浅い国でもない。さらに植民地時代や先住民の世界にまでさかのぼれば、この大陸で営まれてきた歴史は、世界史、人類史そのものといってよい。本書で、いわゆるアメリカ史の長さや古さを感じていただければ幸いである。

もっとも、過去のさまざまな史実は、諸行無常、万物流転《パンタ・レイ》の中で、「永久に静かに立っている」のではなく、時代の要請に応じて形を変えて思い起こされたり、忘れ去られたりする。そのメカニズムにこそ歴史の、あるいは歴史学の営為のすべてがあるのではないか。いわゆる「記憶史」の手法が、近年大いに注目されているゆえんであり、本書ではこれら記憶史の成果も、コラム等ではなく積極的に本文中（括弧中も含む）に取り入れ――むろんごく一部だが――、当該の歴史事象が後世において持つ意味の一端を示そうと試みた。したがって一部の文章中で、場合によっては時間の流れが大きく飛躍することもあるが、可能なかぎり自然に読んでいただけるように心がけている。ただしこの実験的な試みが成功しているかどうかは、読者諸賢のご判断にゆだねるしかない。

また本書では、近年、彼《か》の国の学界において大いに注目され、広く受け入れられている最新のアプローチ、大西洋史《アトランティック・ヒストリー》についても積極的に紹介、援用しており、その視座はとりわけ前半部の章の、いわば通奏低音となっている。

本書はむろん全体として書き下ろしであるが、これまで私が発表してきた著書・論文も踏まえて、それらをさらに再構成したり、加筆したりした部分もあり、ベースとなった拙文の主なものは巻末の主要参考文献にあげてある。その意味でも、これまでの私の仕事のエッセンスともいうべき内容になっていると自負している。ご了解たまわりたい。また、図版として収録したコインなどはすべて私の所蔵品で、記念碑・史跡等の写真もほとんどが自身で撮影したものを用いている。

なお、本書中の「イギリス」の表記について付言するならば、近年は、たとえば一七〇七年のスコットランドとの正式合同を境としてイングランドとブリテンの表記を厳格に区別して用い、あえて「イギリス」の語の使用を避ける向きもある。だが本書は一般書として社会とのインターフェイスを確保する必要もあり、また「オランダ」など他の国の表記とのバランスを取る必要などからも、イギリスのみ表記の精度を上げることは避け、融通無碍《ゆうずうむげ》な「イギリス」の語をあえて用いるメリットが大きいと判断した。ご理解いただきたい。

主要参考文献は、英語文献については概説や史料など、ごく一部の提示に留め、もっぱら日本語文献をあげた。その日本語文献には、執筆に際して必ずしも直接参考にしていないものも含まれているが、いずれも重要な文献であり、読書案内としてご活用いただければ幸いである。

＊

この場を借りて、学部生時代から長くご指導いただいている川北稔先生（大阪大学名誉教授）にあらためて感謝申し上げたい。

また、妻で三重大学教授の森脇由美子、さらに群馬県立女子大学准教授の笠井俊和氏には原稿にていねいに目を通してもらった。むろん残る瑕疵はすべて私の責任である。なお、笠井氏は二〇一八年に第二三回アメリカ学会清水博賞を受賞したが、私事ながら第六回の同賞を私も受賞しており、若手に与えられるこの賞を師弟で受賞するのはきわめて珍しく、まさに教師冥利に尽きる。三〇年近い大学教師生活のなかで、かくのごとく日々経験するすべてが教師・研究者としての私の糧であり、これまで私の授業を受けてくれた学部生・院生諸君に心より感謝したい。

最後になったが、編集部の杉田守康氏には執筆中、本当にさまざまな面でご助力をいただいた。本書は文字どおり杉田氏との共同作業の成果といっても過言ではない。心よりお礼申し上げたい。

二〇一九年三月　安濃津にて

和田光弘

岩波新書新赤版一〇〇〇点に際して

ひとつの時代が終わったと言われて久しい。だが、その先にいかなる時代を展望するのか、私たちはその輪郭すら描きえていない。二〇世紀から持ち越した課題の多くは、未だ解決の緒を見つけることのできないままであり、二一世紀が新たに招きよせた問題も少なくない。グローバル資本主義の浸透、憎悪の連鎖、暴力の応酬——世界は混沌として深い不安の只中にある。

現代社会においては変化が常態となり、速さと新しさに絶対的な価値が与えられた。消費社会の深化と情報技術の革命は、種々の境界を無くし、人々の生活やコミュニケーションの様式を根底から変容させてきた。ライフスタイルは多様化し、一面では個人の生き方をそれぞれが選びとる時代が始まっている。同時に、新たな格差が生まれ、様々な次元での亀裂や分断が深まっている。社会や歴史に対する意識が揺らぎ、普遍的な理念に対する根本的な懐疑や、現実を変えることへの無力感がひそかに根を張りつつある。そして生きることに誰もが困難を覚える時代が到来している。

しかし、日常生活のそれぞれの場で、自由と民主主義を獲得し実践することを通じて、私たち自身がそうした閉塞を乗り超え、希望の時代の幕開けを告げてゆくことは不可能ではあるまい。そのために、いま求められていること——それは、個と個の間で開かれた対話を積み重ねながら、人間らしく生きることの条件について一人ひとりが粘り強く思考することではないか。その営みの糧となるものが、教養に外ならないと私たちは考える。歴史とは何か、よく生きるとはいかなることか、世界そして人間はどこへ向かうべきなのか——こうした根源的な問いとの格闘が、文化と知の厚みを作り出し、個人と社会を支える基盤としての教養となった。まさにそのような教養への道案内こそ、岩波新書が創刊以来、追求してきたことである。

岩波新書は、日中戦争下の一九三八年一一月に赤版として創刊された。創刊の辞は、道義の精神に則らない日本の行動を憂慮し、批判的精神と良心的行動の欠如を戒めつつ、現代人の現代的教養を刊行の目的とする、と謳っている。以後、青版、黄版、新赤版と装いを改めながら、合計二五〇〇点余りを世に問うてきた。そして、いままた新赤版が一〇〇〇点を迎えたのを機に、人間の理性と良心への信頼を再確認し、それに裏打ちされた文化を培っていく決意を込めて、新しい装丁のもとに再出発したいと思う。一冊一冊から吹き出す新風が一人でも多くの読者の許に届くこと、そして希望ある時代への想像力を豊かにかき立てることを切に願う。

（二〇〇六年四月）

和田光弘

1961年，広島県生まれ．1989年，大阪大学大学院文学研究科博士後期課程退学．大阪大学文学部助手，追手門学院大学文学部講師，名古屋大学文学部助教授を経て，
現在一名古屋大学大学院人文学研究科教授．博士(文学)
専攻一アメリカ近世・近代史
著書一『紫煙と帝国——アメリカ南部タバコ植民地の社会と経済』(名古屋大学出版会，第6回アメリカ学会清水博賞)
『タバコが語る世界史』(山川出版社)
『記録と記憶のアメリカ——モノが語る近世』(名古屋大学出版会)
『大学で学ぶアメリカ史』(編著，ミネルヴァ書房)
『歴史の場——史跡・記念碑・記憶』(共編著，ミネルヴァ書房) ほか

植民地から建国へ 19世紀初頭まで
シリーズ アメリカ合衆国史① 岩波新書(新赤版)1770

2019年4月19日 第1刷発行
2025年6月5日 第5刷発行

著 者 和田光弘《わだみつひろ》

発行者 坂本政謙

発行所 株式会社 岩波書店
〒101-8002 東京都千代田区一ツ橋2-5-5
案内 03-5210-4000 営業部 03-5210-4111
https://www.iwanami.co.jp/

新書編集部 03-5210-4054
https://www.iwanami.co.jp/sin/

印刷・理想社 カバー・半七印刷 製本・中永製本

ISBN 978-4-00-431770-8 Printed in Japan

索　引

ア　行

カ　行

サ　行

タ 行

ナ　行

ハ　行

マ　行

略年表

1492年以前の事項，および1752年以前の事項の月次は省略した．右側に太字で示したのは，その年に就任したアメリカ合衆国大統領．(連)は連邦派，(共)は共和派であることを示す．

1492	コロンブス，第一次航海．
1497	ジョン・カボット，北米を探検(〜98)．
1499	アメリゴ・ヴェスプッチ，南米沿岸を探検(〜1500)．
1507	ヴァルトゼーミュラー，『世界誌入門』を刊行．
1587	ジョン・ホワイトら，ロアノーク島入植．
1607	ヴァージニアにジェイムズタウン建設．
1619	最初のヴァージニア植民地議会開催．同植民地に黒人が輸入される．
1620	メイフラワー誓約．
1649	メリーランド植民地，宗教寛容法を制定．
1660	1660年航海法(海上憲章)制定．
1664	イギリス，ニューアムステルダムを占領．
1675	ニューイングランドでフィリップ王戦争勃発(〜76)．
1676	ヴァージニアでベーコンの反乱．
1686	ジェイムズ2世，ニューイングランド王領を設定(〜89)．
1692	セイラムの魔女狩り(〜93)．
1702	アン女王戦争(〜13)．
1744	ジョージ王戦争(〜48)．
1754	3 フレンチ・インディアン戦争始まる．6 オルバニー会議．
1763	2 パリ条約締結．10 国王宣言線設定．
1764	4 砂糖法(アメリカ歳入法)制定．
1765	3 印紙法制定．
1766	3 印紙法撤廃，宣言法制定．
1767	6 タウンゼンド諸法制定．
1770	3 ボストン虐殺事件．4 タウンゼンド諸法撤廃．
1773	5 茶法制定．12 ボストン茶会事件．
1774	6 ケベック法制定．9 第一次大陸会議開催(〜10)．10 大陸連盟結成．
1775	4 レキシントン・コンコードの戦い．5 第二次大陸会議開催．6 バンカーヒルの戦い．7「武器を執る理由と必要の宣言」，「オリーヴの枝請願」．

1776	1 ペイン，『コモン・センス』を刊行．7 大陸会議，独立を決議，独立宣言採択．9 イギリス軍，ニューヨーク市を占領．12 トレントンの戦い．
1777	6 星条旗に関する決議．9 イギリス軍，フィラデルフィアを占領(～78.6)．10 サラトガの戦い．11 連合規約採択．
1778	2 米仏，友好通商条約および同盟条約締結．
1780	2 ロシア，武装中立同盟提唱．10 キングズマウンテンの戦い．
1781	1 カウペンズの戦い．3 連合規約全邦批准，発効(以後，連合会議)．3 ギルフォード・コートハウスの戦い．10 米仏連合軍，ヨークタウンの戦いで勝利．
1782	6 連合会議，国璽を制定．11 米英，講和予備条約調印．
1783	9 パリ条約調印．11 イギリス軍，ニューヨーク市から撤退．
1785	5 連合会議，公有地条例を制定．
1786	8 シェイズの反乱(～87.2)．9 アナポリス会議開催．
1787	5 フィラデルフィアで憲法制定会議開催．7 連合会議，北西部条例を制定．9 憲法制定会議，合衆国憲法を採択．
1788	6 合衆国憲法，9 邦の批准を獲得．7 連合会議，憲法の発効を宣言．
1789	2 大統領選挙．4 ニューヨーク市の第 1 回連邦議会で開票，ワシントン，初代大統領に選出．11 ノースカロライナ，合衆国憲法を批准．　①ジョージ・ワシントン
1790	1 ハミルトン，『公信用に関する報告書』を提出．5 ロードアイランド，合衆国憲法を批准．12 連邦議会，フィラデルフィアで開催．ハミルトン，『公信用に関する第二報告書』を提出．
1791	2 合衆国銀行法制定．3 ヴァーモント州，連邦加入(14 番め)．12 ハミルトン，『製造業に関する報告書』を提出．12 権利章典発効．
1792	12 大統領選挙，ワシントン再選．
1793	4 ワシントン，ヨーロッパの戦争に中立を宣言．12 ジェファソン，国務長官を辞任．
1794	7 ウィスキー反乱(～10)．11 イギリスとジェイ条約締結．
1796	9 ワシントン，「告別演説」を発表．12 大統領選挙，アダムズ当選．
1797	10 XYZ 事件．　②ジョン・アダムズ(連)
1798	6 帰化法，外国人法制定．7 敵性外国人法，治安法制定．
1799	12 ワシントン死去．
1800	12 大統領選挙．

1801	2 首都ワシントンの連邦議会下院でジェファソンが大統領に選出. 6 第一次バーバリ戦争(〜05.6). ③トマス・ジェファソン(共)
1803	2 マーベリー対マディソン事件判決. 4 フランスからルイジアナ購入.
1804	5 ルイス・クラークの探検(〜06.9). 6 憲法修正第12条成立. 12 大統領選挙, ジェファソン再選.
1807	3 奴隷輸入禁止法制定(1808年より禁止). 12 出港禁止法制定.
1808	12 大統領選挙, マディソン当選.
1809	3 通商禁止法制定. ④ジェイムズ・マディソン(共)
1812	6 1812年戦争始まる. 12 大統領選挙, マディソン再選.
1814	9 キー,「星条旗」を執筆. 12 ハートフォード会議(〜15.1). 12 ガン条約調印, 1812年戦争終結.

主要参考文献

主として邦語文献を選び，章をまたぐものについては初出にのみ記載した

はじめに

有賀貞・大下尚一・志邨晃佑・平野孝編『世界歴史大系 アメリカ史』1，山川出版社，1994 年

ベネディクト・アンダーソン『想像の共同体――ナショナリズムの起源と流行』増補版，白石隆・白石さや訳，NTT 出版，1997 年

紀平英作編『新版世界各国史 24 アメリカ史』山川出版社，1999 年

和田光弘「第 3 章 歴史――植民地から建国へ」五十嵐武士・油井大三郎編『アメリカ研究入門』第 3 版，東京大学出版会，2003 年

和田光弘「第 1 部第 1 章 植民地時代――17 世紀初頭～1760 年代」有賀夏紀・紀平英作・油井大三郎編『アメリカ史研究入門』山川出版社，2009 年

第 1 章

飯山千枝子『母なる大地の器――アメリカ合衆国南西部プエブロ・インディアンの「モノ」の文化史』晃洋書房，2017 年

内田綾子「第 1 章 先住民の世界」和田光弘編著『大学で学ぶアメリカ史』ミネルヴァ書房，2014 年

大西直樹『ニューイングランドの宗教と社会』彩流社，1997 年

大西直樹『ピルグリム・ファーザーズという神話――作られた「アメリカ建国」』講談社選書メチエ，1998 年

小倉いずみ『ジョン・コットンとピューリタニズム』彩流社，2004 年

エドムンド・オゴルマン『アメリカは発明された――イメージとしての 1492 年』青木芳夫訳，日本経済評論社，1999 年

川北稔『工業化の歴史的前提――帝国とジェントルマン』岩波書店，1983 年

近藤和彦『近世ヨーロッパ』山川出版社，2018 年

『大航海時代叢書』第 I 期第 1 巻，第 II 期第 17・18 巻，岩波書店，1965，1983，1985 年

田中英夫『英米法総論』上，東京大学出版会，1980 年

アレクシ・ド・トクヴィル『アメリカのデモクラシー』第 1 巻上，松本礼二訳，岩波文庫，2005 年

富田虎男『アメリカ・インディアンの歴史』改訂版，雄山閣出版，1986 年
増井志津代『植民地時代アメリカの宗教思想――ピューリタニズムと大西洋世界』上智大学出版，2006 年
シドニー・W. ミンツ『甘さと権力――砂糖が語る近代史』川北稔・和田光弘訳，平凡社，1988 年
森本あんり『ジョナサン・エドワーズ研究――アメリカ・ピューリタニズムの存在論と救済論』創文社，1995 年
ラス・カサス『インディアス史』第 1 巻，長南実訳・石原保徳編，岩波文庫，2009 年
トビー・レスター『第四の大陸――人類と世界地図の二千年史』小林力訳，中央公論新社，2015 年
和田光弘「第 1 章 イギリス領 13 植民地の成立と展開」野村達朗編著『アメリカ合衆国の歴史』ミネルヴァ書房，1998 年
和田光弘『紫煙と帝国――アメリカ南部タバコ植民地の社会と経済』名古屋大学出版会，2000 年
和田光弘『タバコが語る世界史』山川出版社，2004 年
Philip L. Barbour (ed.), *The Complete Works of Captain John Smith*, Vol. 2, University of North Carolina Press, 1986.
Christopher Columbus, "Letter of Columbus to the Nurse of Prince John", American Journeys Collection, Wisconsin Historical Society Digital Library and Archives.
Alfred W. Crosby, *The Columbian Exchange: Biological and Cultural Consequences of 1492*, Greenwood Press, 1972.
J. H. Elliott, "A Europe of Composite Monarchies", *Past and Present*, 137, 1992.
Lar Hothem, *Ornamental Indian Artifacts: Identification and Value Guide*, Collector Books, 2007.
Alice Beck Kehoe, *North America before the European Invasions*, 2nd ed., Routledge, 2017.
Edward D. Neill, *Terra Mariae; or Threads of Maryland Colonial History*, J. B. Lippincott, 1867.

第 2 章

秋田茂『イギリス帝国の歴史――アジアから考える』中公新書，2012 年
浅羽良昌『アメリカ植民地貨幣史論』大阪府立大学経済学部，1991

年
アメリカ学会訳編『原典アメリカ史 第1巻 植民地時代』岩波書店，1950年
池本幸三『近代奴隷制社会の史的展開——チェサピーク湾ヴァジニア植民地を中心として』ミネルヴァ書房，1987年
イマニュエル・ウォーラーステイン『近代世界システム』I・II・III，川北稔訳，名古屋大学出版会，2013年
大下尚一・有賀貞・志邨晃佑・平野孝編『史料が語るアメリカ 1584–1988——メイフラワーから包括通商法まで』有斐閣，1989年
笠井俊和『船乗りがつなぐ大西洋世界——英領植民地ボストンの船員と貿易の社会史』晃洋書房，2017年
川北稔『洒落者たちのイギリス史——騎士の国から紳士の国へ』平凡社，1986年
川北稔『民衆の大英帝国——近世イギリス社会とアメリカ移民』岩波現代文庫，2008年
ジャック・P. グリーン『幸福の追求——イギリス領植民地期アメリカの社会史』大森雄太郎訳，慶應義塾大学出版会，2013年
トマス・ジェファソン『ヴァジニア覚え書』中屋健一訳，岩波文庫，1972年
ロバート・L. スティーヴンソン『宝島』田中西二郎訳，旺文社文庫，1974年
アダム・スミス『国富論』上，水田洋訳，河出書房新社，1970年
バーナード・ベイリン『アトランティック・ヒストリー』和田光弘・森丈夫訳，名古屋大学出版会，2007年
トマス・ペイン『コモン・センス』小松春雄訳，岩波文庫，1976年
マーカス・レディカー『海賊たちの黄金時代——アトランティック・ヒストリーの世界』和田光弘・小島崇・森丈夫・笠井俊和訳，ミネルヴァ書房，2014年
マーカス・レディカー『奴隷船の歴史』上野直子訳，みすず書房，2016年
和田光弘「2 植民地の生活と生産」アメリカ学会訳編『原典アメリカ史 社会史史料集』岩波書店，2006年
和田光弘「第2章第2節 イギリス領北米植民地社会の形成(史料59〜史料64)」歴史学研究会編『世界史史料7 南北アメリカ 先住民の世界から19世紀まで』岩波書店，2008年
David Armitage / Michael J. Braddick (eds.), *The British Atlantic World, 1500–1800*, 2nd ed., Palgrave, 2009.

Joseph C. Miller, Vincent Brown, Jorge Cañizares-Esguerra, et al. (eds.), *The Princeton Companion to Atlantic History*, Princeton University Press, 2015.
George Brown Tindall / David Emory Shi, *America: A Narrative History*, 5th ed., Norton, 1999.

第 3 章

明石紀雄『トマス・ジェファソンと「自由の帝国」の理念――アメリカ合衆国建国史序説』ミネルヴァ書房，1993 年
有賀貞『アメリカ革命』東京大学出版会，1988 年
ゴードン・S. ウッド『ベンジャミン・フランクリン，アメリカ人になる』池田年穂・金井光太朗・肥後本芳男訳，慶應義塾大学出版会，2010 年
ゴードン・S. ウッド『アメリカ独立革命』中野勝郎訳，岩波書店，2016 年
大森雄太郎『アメリカ革命とジョン・ロック』慶應義塾大学出版会，2005 年
金井光太朗『アメリカにおける公共性・革命・国家――タウン・ミーティングと人民主権との間』木鐸社，1995 年
スコット・M. グインター『星条旗――1777–1924』和田光弘・山澄亨・久田由佳子・小野沢透訳，名古屋大学出版会，1997 年
斎藤眞『アメリカ革命史研究――自由と統合』東京大学出版会，1992 年
アダム・スミス『国富論』下，水田洋訳，河出書房新社，1970 年
A. ハミルトン／J. ジェイ／J. マディソン『ザ・フェデラリスト』斎藤眞・中野勝郎訳，岩波文庫，1999 年
ドン・ヒギンボウサム『将軍ワシントン――アメリカにおけるシヴィリアン・コントロールの伝統』和田光弘・森脇由美子・森丈夫・望月秀人訳，木鐸社，2003 年
ケネス・E. フット『記念碑の語るアメリカ――暴力と追悼の風景』和田光弘・森脇由美子・久田由佳子・小澤卓也・内田綾子・森丈夫訳，名古屋大学出版会，2002 年
和田光弘「アメリカにおけるナショナル・アイデンティティの形成――植民地時代から 1830 年代まで」川北稔編『岩波講座世界歴史 17 環大西洋革命』岩波書店，1997 年
和田光弘「3 記憶装置としての空間 称えられる敵――アメリカ独立革命の記念碑から」川北稔・藤川隆男編『空間のイギリス史』山川

出版社，2005 年
和田光弘「第 1 章 独立革命・近代世界システム・帝国」紀平英作・油井大三郎編著『シリーズ・アメリカ研究の越境』第 5 巻，ミネルヴァ書房，2006 年
和田光弘「第 3 章 アメリカ独立革命」前掲『大学で学ぶアメリカ史』
和田光弘『記録と記憶のアメリカ――モノが語る近世』名古屋大学出版会，2016 年
Michael Frisch, "American History and the Structures of Collective Memory: A Modest Exercise in Empirical Iconography", *Journal of American History*, 75, 1989.
Donald Jackson / Dorothy Twohig (eds.), *The Diaries of George Washington*, Vol. 5, University Press of Virginia, 1979.
Library of Congress (ed.), *Journals of the Continental Congress, 1774–1789, Edited from the Original Records in the Library of Congress*, 34 vols., U.S. Government Printing Office, 1904–37.
Harriet E. O'Brien, comp., *Paul Revere's Own Story: An Account of His Ride as Told in a Letter to a Friend*, Privately Printed, 1929.

第 4 章
明石紀雄『モンティチェロのジェファソン――アメリカ建国の父祖の内面史』ミネルヴァ書房，2003 年
明石紀雄『ルイス=クラーク探検――アメリカ西部開拓の原初的物語』世界思想社，2004 年
五十嵐武士『アメリカの建国――その栄光と試練』東京大学出版会，1984 年
石川敬史『アメリカ連邦政府の思想的基礎――ジョン・アダムズの中央政府論』溪水社，2008 年
遠藤寛文「新大陸における「帝国」の残滓――1812 年戦争期の「親英勢力」とアメリカの自画像」『アメリカ研究』51，2017 年
遠藤泰生編『近代アメリカの公共圏と市民――デモクラシーの政治文化史』東京大学出版会，2017 年
イリジャ・H. グールド『アメリカ帝国の胎動――ヨーロッパ国際秩序とアメリカ独立』森丈夫監訳，彩流社，2016 年
中野勝郎『アメリカ連邦体制の確立――ハミルトンと共和政』東京大学出版会，1993 年
橋川健竜『農村型事業とアメリカ資本主義の胎動――共和国初期の経済ネットワークと都市近郊』東京大学出版会，2013 年

アレグザンダー・ハミルトン『アレグザンダー・ハミルトン 製造業に関する報告書』田島恵児・濱文章・松野尾裕訳，未來社，1990年
久田由佳子「第4章 新共和国の建設」前掲『大学で学ぶアメリカ史』
バーナード・ベイリン『世界を新たに フランクリンとジェファソン——アメリカ建国者の才覚と曖昧さ』大西直樹・大野ロベルト訳，彩流社，2010年
松本幸男『建国初期アメリカ財政史の研究——モリス財政政策からハミルトン体制へ』刀水書房，2011年
安武秀岳『自由の帝国と奴隷制——建国から南北戦争まで』ミネルヴァ書房，2011年
『老子』蜂屋邦夫訳，岩波文庫，2008年
和田光弘「アメリカの建国と首都ワシントンの誕生」『NIRA政策研究』12-10，1999年
Jonathan Elliot (ed.), *The Debates in the Several State Conventions, on the Adoption of the Federal Constitution, as Recommended by the General Convention at Philadelphia, in 1787*, 2nd ed., 5 vols., Printed for the Editor, 1836–45.
Joseph J. Ellis, *American Sphinx: The Character of Thomas Jefferson*, Knopf, 1996.
Max Farrand (ed.), *The Records of the Federal Convention of 1787*, 3 vols., Yale University Press, 1911.
John C. Fitzpatrick (ed.), *The Writings of George Washington from the Original Manuscript Sources, 1745–1799*, 39 vols., U.S. Government Printing Office, 1931–44.
Victor H. Paltsits (ed.), *Washington's Farewell Address: In Facsimile, with Transliterations of all the Drafts of Washington, Madison, & Hamilton*, New York Public Library, 1935.
Paul H. Smith (ed.), *Letters of Delegates to Congress, 1774–1789*, 26 vols., Library of Congress, 1976–2000.
Mason Locke Weems (alias Parson Weems), *The Life of George Washington; with Curious Anecdotes*, 12th ed., Mathew Carey, 1812.

図表出典一覧

ウェブサイトについては，組織名等のみの簡潔な表記にとどめた

巻頭地図……Tindall / Shi, *America*, p. 271 をもとに作成．

図 0–1 ①⑦⑧，第 1 章扉，図 1–1，図 1–2，図 1–4，図 1–7，図 1–10，表 1–1，第 2 章扉，図 2–5，図 2–6，図 2–7，表 2–2，第 3 章扉下，図 3–1，図 3–2，図 3–3，図 3–5，図 3–6，図 3–8 ⑤⑥，図 3–10，図 3–11，図 3–12，図 3–13，図 3–14，図 3–15，図 3–17，図 3–18 左，第 4 章扉，図 4–1 左，図 4–4，図 4–5 左，図 4–7，図 4–8……著者所蔵・撮影・作成．

図 0–1 ②，図 1–3 下，図 4–2……アメリカ議会図書館（Library of Congress）

図 0–1 ③……New-York Historical Society

図 0–1 ⑤⑥，図 3–8 ③④……国立公文書館（National Archives）

図 0–2……和田光弘編著『大学で学ぶアメリカ史』304 頁をもとに作成．

図 1–1……ポヴァティ・ポイント：Jon Gibson, *The Ancient Mounds of Poverty Point*, University Press of Florida, 2001, p. 81. カホキア：William Iseminger, *Cahokia Mounds: America's First City*, History Press, 2010, p. 88. メサ・ベルデ：National Park Service

図 1–3 上……*A Map of the World, 1506, Designed by Giovanni Matteo Contarini, Engraved by Francesco Roselli*, 2nd ed., British Museum, 1926.

図 1–5……アイルランド国立美術館

図 1–6……William C. Wooldridge, *Mapping Virginia: From the Age of Exploration to the Civil War*, University of Virginia Press, 2012, p. 57 をもとに作成．

図 1–8 ①②……デジタル・アーカイヴズ "Virginia Company Archives: The Ferrar Papers, 1590–1790, from Magdalene College, Cambridge"

図 1–9……Jack P. Greene / J. R. Pole (eds.), *The Blackwell Encyclopedia of the American Revolution*, Basil Blackwell, 1991 の見返しをもとに作成．

図 2–1……和田光弘『紫煙と帝国』146 頁をもとに作成．

図 2–3……Tindall / Shi, *America*, Brief 4th ed., 1997, p. 70 をもとに作成．

図 2–4……F. Nivelon, *The Rudiments of Genteel Behavior*, [London], 1737, Plate 3.

表 2–1……Aaron S. Fogleman, “From Slaves, Convicts, and Servants to Free Passengers: The Transformation of Immigration in the Era of the American Revolution”, *Journal of American History*, 85, 1998, p. 44 をもとに作成.

第 3 章 扉 上……Imprint Society (ed.), *The Bloody Massacre: Together with a Print of the Event Taken from the Plate Engraved by Paul Revere*, Imprint Society, 1970.

図 3–4……E. T. Paull, *Paul Revere's Ride*, E. T. Paull Music Co., 1905.

図 3–7……ボストン美術館

図 3–8 ①……Christian Y. Dupont / Peter S. Onuf (eds.), *Declaring Independence: The Origin and Influence of America's Founding Document*, University of Virginia Library, 2008, p. viii.

図 3–16……John Grafton, *The American Revolution: A Picture Sourcebook*, Dover Publications, 1975, p. 147.

図 3–18 右……Architect of the Capitol

図 4–1 右……ボストン美術館

図 4–3 ①……Weems, *The Life of George Washington*, p. 161.

図 4–3 ④……Paltsits (ed.), *Washington's Farewell Address*, p. 136.

図 4–5 右……White House Historical Association

図 5–1 左……*National Star-spangled Banner Centennial, Baltimore, Maryland, September 6 to 13, 1914*, National Star-spangled Banner Centennial Commission, 1914, p.66.

図 5–1 右……National Museum of American History

作図　前田茂実(巻頭地図, 図 0–2, 図 1–9, 図 2–1, 図 2–3, 図 3–9, 図 4–6)